TU EMPRESA MILLONARIA

JAVIER CAMPOS-STIVALET

Es hora de liberar todo el potencial de su empresa y alcanzar el éxito y la libertad con los que ha estado soñando.

No se conforme por más tiempo con resultados mediocres o un crecimiento estancado. Es hora de pasar a la acción y hacer realidad tu visión.

Tienes el poder de crear algo asombroso, algo que puede influir en la vida de las personas y marcar la diferencia para ti y los tuyos. Pero para tener éxito en los negocios hace falta algo más que una gran idea. Se necesita dedicación, trabajo duro y la mentalidad adecuada.

No dejes que el miedo te frene o limite tu potencial. Al contrario, deja que alimente tu determinación de triunfar. Acepta los retos y los contratiempos como oportunidades para aprender y crecer, y utilízalos para impulsarte hacia adelante.

Tienes las habilidades, los conocimientos y la pasión para crear algo realmente extraordinario. Cree en ti mismo y en tu visión, y da los pasos necesarios para hacerla realidad. Con la mentalidad y las estrategias adecuadas, puedes conseguir cualquier cosa que te propongas.

El mundo está esperando tu grandeza, ¡así que sal ahí fuera y haz que suceda!

TU EMPRESA MILLONARIA

LIBERA TODO SU POTENCIAL

GASTA BIEN   INVIERTE MEJOR   GANA MÁS

Este libro esta dedicado a Gema, Alessa, Pepe y Leo, quienes siempre han estado ahí, aguantando mis locuras, y des tiempos con amor incondicional.

Y a todos los propietarios de pequeñas empresas valientes y visionarios, apasionados por sus sueños, comprometidos con su crecimiento y dispuestos a aceptar el cambio, los verdaderos impulsores del progreso económico y los verdaderos campeones de la revolución de las ventas.

Gracias por marcar la diferencia en el mundo.

Contenido

EL EQUIPO

CREA UN EQUIPO PODEROSO

¿QUÉ SIGUE?

Introducción

En este preciso momento, seguro que tienes un millón de cosas que resolver en tu oficina, negocio, en tus planes profesionales y personales. Puedo garantizarte que tienes un montón de tareas que completar, clientes que atender, nuevos contactos que hacer y objetivos que alcanzar... sientes la presión diaria de encontrar soluciones que generen resultados para ti y para los demás. Aun con todo esto, ha decidido detenerse y tomar este libro. Por esa razón: Gracias... y Felicidades por iniciar un camino que lo acerque un poco más al éxito y la libertad que siempre soñó desde que inició su negocio

El mundo de los negocios actual nos coloca en encrucijadas todo el tiempo, vivimos rodeados de noticias sobre grandes startups y empresas unicornio[1] Si tuviéramos que elegir las palabras de moda del momento en ese mundo, "emprendimiento" e "innovación" estarían a la cabeza de la lista. Sin embargo, ¿cómo llevamos estos aparentemente complejos términos a la práctica en el mundo de la pequeña empresa? En medio de tantos casos e historias de éxito millonarios que vemos en la televisión, en las revistas y en las redes sociales, ¿cómo encontramos nuestro lugar entre los grandes empresarios que crean empresas disruptivas y eficientes? Y lo que es más importante, ¿cómo se relacionan con el aumento de los ingresos de nuestras empresas, que es la base de este libro?

Soy Javier Campos Stivalet, ingeniero de formación, emprendedor de corazón, inversionista y creador de empresas. Durante los últimos 25 años, he trabajado para multinacionales en varias partes del mundo, he fundado y vendido empresas de tecnología y de estilo de vida así como también creé un fondo de inversión de capital riesgo centrado en startups de tecnología avanzada; recientemente fui Vicepresidente de una organización filantrópica que entrenó a más de 20.000 estudiantes sobre cómo convertirse en emprendedores de éxito y presté servicios de consultoría a cientos de pequeñas empresas para aumentar sus ingresos. Todo esto fue posible gracias a las increíbles personas que trabajaron conmigo y creyeron en ideas que parecían locas y se convirtieron en visiones que construimos juntos. Sin embargo, antes de construir o gestionar cualquiera de estas empresas, ya llevaba a mis espaldas un largo recorrido en el emprendimiento.

A los 10 años empecé instalando una sala de cine en mi escuela, vendía entradas para ver una película, bocadillos y bebidas a los demás alumnos a la hora del descanso, poco tiempo después vendí comida puerta a puerta, siempre intentaba iniciar nuevos negocios y cometí grandes errores, tuve grandes negocios, algunos fallidos y tuve que volver a empezar al menos un par de veces. Así que créeme, sé sobre tus dolores como emprendedor, y estoy seguro de que podré ayudarte a resolver muchos de ellos en este libro.

Mucho más relevante que hablar sobre a a dónde he llegado y lo que he hecho todos estos años, son las lecciones que he aprendido durante mi viaje definido por el emprendimiento, la primera y considero más importante, es que no importa cuál sea tu negocio o área de trabajo, debemos entender que necesitamos centrarnos antes que nada en una cosa: ser emprendedores la mayor parte del tiempo. Esto no significa que tengas que ser un inventor. Uno de los grandes problemas que veo entre aquellos que quieren hacer crecer su negocio e innovar es que confunden este deseo con la necesidad de inventar algo.

Para mí, innovar es **reinventar**, ser capaz de hacer de forma diferente lo que ya existe y buscar oportunidades y ejecutarlas rápidamente. El problema es que la gente pone demasiada energía en inventar o forzar lo que podría ser una invención cuando debería adoptar la **mentalidad emprendedora**: ser creativo, proactivo y buscar la solución adecuada para su negocio y sus clientes.

Personalmente nunca me consideré alguien que fuera a inventar algo particularmente disruptivo o novedoso, pero siempre me di cuenta de que el éxito de cualquier empresa se debe a la ejecución precisa de sus lideres y colaboradores. La clave para los empresarios es pasar a la acción, cometer errores, aprender de ellos y seguir intentándolo una y otra vez, sin miedo a ensuciarse las manos. Pasé por esto tantas veces que ahora TU EMPRESA MILLONARIA parece un golpe de suerte o una idea genial. Sin embargo, es todo menos eso. El hecho es que durante mi carrera he trabajado en potenciar la ejecución; fui capaz de pasar por todos los pasos de un emprendedor muy rápidamente, claro que no siempre con éxito, pero al final aprendí los procesos y pasos clave para que las empresas crezcan de forma real y sostenible en el tiempo.

Mirando hacia atrás, reconozco mis tropiezos. Muchas veces perseguí las cosas equivocadas, me preocupé por lo que no debería haber sido prioritario. Es normal, sobre todo cuando tenemos prisa por hacer crecer nuestro negocio. Queremos hacer bien el trabajo, encontrar el mercado que dé más dinero y generar más contactos con los clientes.

Le aseguro que una vez que haya experimentado contratiempos, si no es que ya lo ha hecho, se dará cuenta de la importancia de priorizar su propósito, sus clientes y su enfoque hacia ellos. Para resumir lo anterior existe una frase que llamo: La ecuación de las ventas**... Sus clientes tienen un problema que no quieren tener y un resultado que desean, pero no tienen**. ¿Cómo podemos resolver esta ecuación?

Esta es la esencia de TU EMPRESA MILLONARIA. No se trata de intercambiar productos y servicios por dinero, sino de crear una experiencia y encantar a tu cliente, convencerlo que asociarse contigo es lo mejor que puede hacer para tener el resultado que desean y dejar de tener el problema que tienen y que tu producto o servicio puede resolver.

Tuve un punto de inflexión en mi viaje empresarial cuando invertí en varias cosas que no me reportaban grandes beneficios. En lugar de perseguir únicamente la siguiente venta, aprendí a hacer las cosas bien hechas, pensadas y centradas en el crecimiento; en hacer algo que resonara en mí y me mantuviera motivado para perseguirlo sin descanso, mejorar y esforzarme por hacerlo mejor cada día. Me di cuenta de la importancia de centrarse en lo verdaderamente importante, de esta forma la empresa y los clientes reaccionarían en consecuencia.

Independientemente de la naturaleza de tu empresa, tendrás que ser honesto contigo mismo con relación a lo que existe entre el día de hoy - tu momento presente - y la realización de tus objetivos a futuro. La honestidad es lo que te hará más fuerte que el miedo y las ganas de abandonar, estos últimos los mayores peligros en la vida de un emprendedor. Cuando no consigues que las cosas sucedan o sientes que tu proyecto no avanza, rápidamente te asalta la idea de abandonar. Empiezas a cuestionar tu capacidad, la idea misma, la economía del país, la de tus clientes y el miedo te genera un gran deseo de abandonar. Empiezas a rendirte por pequeñas cosas y poco a poco en tu mente se confirman todos tus temores, decides abandonar. Todos los emprendedores y empresarios se han enfrentado a la idea de rendirse, pero la clave está en gestionar esta idea en tu beneficio.

Es un reto mantener el ímpetu porque emprender es como conducir en la oscuridad. En la carretera sólo ves 30 metros frente a ti, pero debes seguir adelante y pensar que la carretera está ahí, y que no puedes parar. Exige la máxima potencia de tu razonamiento todo el tiempo, atención a los detalles y sin ninguna garantía de que todo vaya a funcionar. La vida de un empresario es así. No puedes estar seguro de si el plan funcionará, pero debes seguir acelerando, centrarte en el camino y analizar siempre lo que puedes ver desde la carretera, sin dejar que la limitada visibilidad te asuste. Acelerar continuamente tiene que ver con la ejecución, sobre todo con la gestión del miedo y la incertidumbre y con anteponer el plan, que, para mí, es el secreto de todo lo que he conseguido, y creo que tú también puedes conseguir.

#TUEMPRESAMILLONARIA no es solo un movimiento, podcast, hashtag o una serie de libros. Es una inyección de autoestima para los emprendedores de pequeñas empresas que les ayudará a aumentar sus beneficios, alcanzar el éxito y logar la libertad que siempre han deseado. Es una afirmación, a través de ejemplos prácticos y un proceso paso a paso, centrado en la importancia de las pequeñas empresas que son la columna vertebral del mundo en que vivimos. #TUEMPRESAMILLONARIA es un servicio público que ofrece propósito y sentido de orgullo a los propietarios de pequeñas empresas que trabajan incansablemente, abriendo sus puertas cada día sin parar, buscando atraer y recibir clientes el día entero para dar lugar a grandes empresas y a las mayores historias de éxito y transformación.

¿Por qué escribo este libro?

Como empresario con experiencia en la creación y el crecimiento de negocios, he visto de primera mano las luchas y los retos a los que se enfrentan cada día los propietarios de pequeñas empresas. No se trata solo de las operaciones cotidianas, sino también de desarrollar una estrategia a largo plazo, establecer un legado, formar un equipo fuerte, crear un modelo de negocio sostenible y quizá prepararse para una salida exitosa.

A lo largo de los años, he observado un error común entre los propietarios de pequeñas empresas, es común pensar que el éxito se basa únicamente en intercambiar productos y servicios por dinero. Pero la verdad es que eso es sólo el principio. Para triunfar de verdad, hay que priorizar nuestro propósito y a nuestros clientes, debemos crear una experiencia que los encante y estructurar la empresa de forma que podamos cumplir todas y cada una de nuestras promesas.

Por eso escribí TU EMPRESA MILLONARIA, para cuestionar las nociones tradicionales de empresa y ofrecer un nuevo marco para el éxito. En este libro, comparto los aprendizajes y experiencias de mi propio viaje como emprendedor, incluidos los contratiempos y retos a los que me he enfrentado por el camino traducidos en una guía práctica, paso a paso, sobre cómo construir un negocio de éxito que no sólo genere ingresos, sino que también cree un impacto positivo en su comunidad.

Mi objetivo es ayudar a los propietarios de pequeñas empresas para que piensen con originalidad y adopten un enfoque disruptivo en sus negocios. De este modo, pueden lograr un crecimiento tangible y cuantificable y avanzar hacia sus objetivos. Creo que cada pequeña empresa tiene el potencial de tener un impacto significativo en su comunidad y en el mundo, y TU EMPRESA MILLONARIA proporciona la hoja de ruta para lograrlo.

Al leer este libro, estoy seguro que recuperará su autoestima y la confianza en sus decisiones, tendrá una visión más clara del futuro de su negocio y, en última instancia, alcanzará el éxito que siempre deseó cuando puso en marcha su empresa en primer lugar.

Así pues, si está listo para revolucionar su enfoque de los negocios y llevar su pequeña empresa a nuevas cotas, TU EMPRESA MILLONARIA es el libro que necesita. Bienvenido a la revolución.

Si es usted propietario de una pequeña empresa, le espera un emocionante viaje para descubrir estrategias de beneficios predecibles que pueden transformar el crecimiento y el éxito de su negocio. En este libro, profundizaremos en estrategias probadas que pueden revolucionar su enfoque de la generación de ingresos, conduciendo a ganancias sostenibles y predecibles.

Con un conjunto de capítulos cuidadosamente elaborados, este libro abarca una amplia gama de temas de relevancia para los propietarios de pequeñas empresas. Desde dominar el arte de la creación de publicaciones de promoción y la reversión de riesgos hasta desarrollar procesos y sistemas eficaces para su negocio, le daré ideas prácticas y estrategias que pueden aplicarse inmediatamente para obtener resultados. También aprenderá a crear negocios repetibles, generar clientes potenciales ilimitados y aprovechar las relaciones para aumentar los beneficios y los clientes potenciales.

Además, este libro retoma en el poder de la creación de equipos, la contratación de personal y su desarrollo, destacando cómo "todos juntos consiguen más" cuando se trata de impulsar el éxito empresarial. También profundizaremos en la importancia de establecer objetivos, gestionar el tiempo y crear materiales de marketing eficaces, además de aprovechar el poder de los testimonios y la prueba social.

En el núcleo de este libro se encuentra el concepto de revolucionar las estrategias de generación de ingresos, pasar de la incertidumbre a la previsibilidad y liberar el potencial de crecimiento sostenido de las ventas. Tanto si eres un emprendedor experimentado como si acabas de empezar, este libro te proporcionará valiosos conocimientos, estrategias prácticas y una hoja de ruta para conducir tu negocio hacia el éxito en los ingresos.

Prepárese para embarcarse en una revolución que transformará su pequeña empresa y desencadenará estrategias de beneficios predecibles que pueden elevar su negocio a nuevos niveles de éxito. ¿Está listo para unirse a la revolución? ¡Sumerjámonos en ella!

El mejor momento para empezar es AHORA, no mañana, ni la semana o el año que viene, entonces... VAMOS A CONSTRUIR TU EMPRESA MILLONARIA

Javier Campos-Stivalet

---

[i] Empresas Unicornio son aquellas compañías que han alcanzado una valoración de mercado de al menos mil millones de dólares

LOS FUNDAMENTOS

INICIEMOS DE LA FORMA CORRECTA

Ofertas Poderosas: Aumente las ventas y los beneficios de su empresa con una oferta convincente

No voy a andarme con rodeos: La oferta de su negocio es la base de su campaña de marketing.

Hágalo bien y todo lo demás encajará. Su campaña atraerá a los lectores, su texto cantará al oído de sus clientes, el diseño de su anuncio apenas importará y tendrá clientes corriendo a su puerta.

Si lo hace mal, incluso la campaña más atractiva y mejor redactada se hundirá como el Titanic.

La oferta de su empresa se define como la descripción completa de los productos o servicios que ofrece a sus clientes. Esto incluye las características, los beneficios, los precios y cualquier otra información relevante que pueda ayudar a los clientes a entender lo que la empresa ofrece y cómo pueden satisfacer sus necesidades y deseos. La oferta de la empresa debe ser clara, concisa y enfocada en las necesidades y deseos de los clientes, con un enfoque en la calidad y el servicio al cliente.

Una oferta poderosa es una oferta irresistible. Es una oferta que hace que su público eche espuma por la boca y clame unos sobre otros hasta llegar a su puerta. Una oferta que haga que sus lectores descuelguen el teléfono y abran la cartera.

Las ofertas irresistibles hacen que sus clientes potenciales piensen: "Estaría loco si no lo aceptara" o "Una oferta así no se presenta muy a menudo". Infunden una sensación de emoción, de deseo y, en última instancia, de urgencia.

Facilite a sus clientes la compra la primera vez y dedique tiempo a atraerlos para que vuelvan.

Lo repetiré: hazlo bien y todo lo demás encajará.

La Clave de su campaña de marketing

A medida que avance en su lectura de este libro, descubrirá que en casi todos los capítulos se analiza la importancia de una oferta poderosa en relación con su estrategia de marketing o campaña promocional.

Hay una razón para ello. Una oferta poderosa suele ser la razón por la que un cliente abre la cartera. Es la forma de generar clientes potenciales y convertirlos en clientes fieles. Cuanto más espectacular, increíble y valiosa sea la oferta, más espectacular e increíble será la respuesta.

Muchas empresas gastan miles de dólares y euros en impresionantes campañas de marketing en revistas de moda y periódicos de grandes ciudades. Envían campañas masivas de correo directo con regularidad y, sin embargo, no reciben una tasa de respuesta igualmente impresionante o masiva.

Estas empresas aún no comprenden que no basta con entregar información sobre su empresa y las ventajas de su producto para que los clientes actúen. No hay ninguna razón para tomar el teléfono o visitar la tienda, *ahora mismo*.

Su oferta poderosa e irresistible puede:

- Aumentar los clientes potenciales
- Atraer tráfico a su sitio web o negocio
- Mover el producto antiguo
- Convertir clientes potenciales en clientes definitivos
- Construir su base de datos de cliente.

¿Qué hace que una oferta sea poderosa?

Una oferta poderosa es aquella que hace que el mayor número de personas responda y pase a la acción. Hace que la gente corra a gastar dinero en tu producto o servicio.

Las ofertas poderosas casi siempre tienen un elemento de *urgencia* y de *escasez*. Dan a su público una razón para actuar inmediatamente, en lugar de dejarlo para más adelante.

La urgencia está relacionada con el tiempo. La oferta sólo está disponible hasta cierta fecha, durante cierto periodo del día o si se actúa en las horas siguientes a ver el anuncio. El cliente tiene que actuar ahora para aprovechar la oferta.

La escasez se refiere a la cantidad. Sólo hay un número determinado de clientes que podrán beneficiarse de la oferta. Puede haber un número limitado de espacios, un número limitado de productos o simplemente un número limitado de personas a las que la empresa proporcionará la oferta. De nuevo, esto requiere que el cliente actúe de inmediato para cosechar el alto valor por el bajo coste.

Las ofertas poderosas también:

Ofrecen un gran valor

Los clientes perciben la oferta como de gran valor, más que un producto por sí solo o que el producto a su precio habitual. La oferta tiene en cuenta las necesidades y deseos del lector.

Hacen sentido para el cliente

Son sencillos y fáciles de entender si se leen rápidamente. Evite los porcentajes: utilice medio descuento o 2x1 en lugar de 50% de descuento. No coloque nunca "trampas", ni requisitos, ni letra pequeña.

Parecen lógicas

La oferta no surge de la nada. Hay una razón lógica detrás: un día festivo, el final de la temporada, la celebración de un aniversario o un nuevo producto. La gente puede desconfiar de las ofertas que parecen "demasiado buenas para ser verdad" y no tienen un propósito aparente.

Proporcionar una prima o algo extra.

La oferta proporciona algo extra al cliente, como un regalo o un producto o servicio gratuito. Sienten que obtienen algo extra sin coste adicional. Se percibe que las primas tienen más valor que los descuentos.

Recuerde que cuando su mercado objetivo lea su oferta, se hará las siguientes preguntas:

- ¿Qué me ofreces?
- ¿Qué gano yo?
- ¿Qué me hace estar seguro de que puedo creerte?
- ¿Cuánto tengo que pagar?

Los tipos de ofertas más poderosas

Decida qué tipo de oferta es la más eficaz para alcanzar sus objetivos. ¿Intenta generar clientes potenciales o *leads*, convertir clientes, crear una base de datos, retirar productos antiguos de las estanterías o aumentar las ventas?

Piense qué tipo de oferta será más valiosa para sus clientes ideales, qué oferta les hará actuar con rapidez.

La oferta gratuita

Este tipo de oferta pide a los clientes que actúen inmediatamente a cambio de algo gratis. Es una buena estrategia para crear una base de datos de clientes o una lista de correo. Ofrezca una consulta gratuita, un informe de consumo gratuito u otro artículo de bajo coste para usted, pero de alto valor percibido.

También puede anunciar el valor del artículo que ofrece gratis. Por ejemplo, actúe ahora y recibirá una consulta gratuita, valorada en 75 dólares/euros. Esto aumentará drásticamente la generación de clientes potenciales y le permitirá centrarse en la conversión cuando el cliente entre por la puerta o coja el teléfono.

La oferta de valor agregado

Añada servicios o productos adicionales que le cuesten muy poco y combínelos con otros artículos para aumentar su atractivo. Esto aumenta la percepción de valor en la mente del cliente, lo que justificará aumentar el precio de un producto o servicio sin incurrir en costes duros adicionales para su empresa.

La oferta de paquetes

Empaquete sus productos o servicios de forma lógica para aumentar el valor percibido. Descuente el valor del paquete por un pequeño margen y posiciónelo como un "kit inicial" o un "paquete especial". Al empaquetar productos de valores mixtos, podrá cerrar más ventas de alto valor. Por ejemplo: incluir una impresora de inyección de tinta gratis con cada compra de ordenador.

La oferta Premium

Ofrezca un producto o servicio adicional por la compra de otro. Esta estrategia le será mucho más útil que los descuentos. Esto incluye ofertas de 2x1, ofertas que incluyen regalos gratuitos y crédito en la tienda con compras superiores a una cantidad específica de dólares/euros

La oferta de urgencia

Como ya se ha mencionado, las ofertas que incluyen un elemento de urgencia gozan de un mayor índice de respuesta, ya que existe un motivo para que sus clientes actúen de inmediato. Ponga una fecha límite a la oferta o limite el número de plazas disponibles.

La oferta de garantía

Ofrezca a sus clientes asumir el riesgo de realizar una compra. Garantice el rendimiento o los resultados de su producto o servicio y ofrézcase a compensar al cliente con la devolución de su dinero si no queda satisfecho. Esto ayudará a superar cualquier temor o reserva sobre su producto y hará más probable que sus clientes potenciales se conviertan en clientes.

Cree su oferta poderosa

La hoja de ruta para crear una oferta poderosa es simple y consta de 4 elementos simples de implementar

Producto   **Motivo**   **Oferta**   **Finanzas**

1. Elija un único producto o servicio.

Céntrese en un solo producto o servicio -o en un solo *tipo de* producto o servicio- cada vez. De este modo, su oferta será clara, sencilla y fácil de entender. Puede tratarse de un área de su negocio que desee ampliar o de un producto antiguo que necesite retirar de las estanterías.

2. Decida qué quiere que hagan sus clientes.

¿Qué quiere conseguir con su oferta? Si es para generar más clientes potenciales, necesitará que su cliente se ponga en contacto con usted. Si es para vender rápidamente un producto antiguo, necesitará que su cliente entre en la tienda y lo compre. ¿Quiere que visiten su sitio web? ¿Se suscriban a su boletín? ¿Cuánto tiempo tienen para actuar? Tenga clara su llamada a la acción, y expóngala claramente en su oferta.

3. Sueña con la mayor y mejor oferta.

En primer lugar, piense en lo mejor y más grande que puede ofrecer a sus clientes, independientemente del coste y la capacidad. No se limite a un solo tipo de oferta; combine varios tipos de ofertas para aumentar el valor. Ofrezca una prima, más una garantía, con un paquete de ofertas. A continuación, analice lo que ha creado y haga los cambios necesarios para que sea realista.

4. Haz números.

Por último, asegúrese de que la oferta le dejará algún beneficio, o al menos le permitirá llegar al punto de equilibrio. No querrá publicar una oferta escandalosa que genere un gran número de clientes potenciales, pero que le deje en la ruina. Recuerde que cada cliente tiene un coste de adquisición y un valor de por vida. El importe de su primera compra puede permitirle alcanzar el punto de equilibrio, pero el importe de sus compras posteriores puede reportarle un beneficio encantador.

Eficiencia sin límites: Agilice su empresa con procesos eficaces

Uno de los mayores errores que puede cometer un empresario es crear una empresa que dependa de la participación del propietario para el éxito de sus operaciones diarias. Esto se llama trabajar "en" su negocio. Estás escribiendo emails de ventas básicas, imprimiendo facturas y guiando al personal paso a paso en cada tarea.

Este enfoque plantea varios problemas. Uno es la redundancia. Estás pagando a tu personal para que realice tareas que tú acabas completando. El segundo es la mala gestión del tiempo. Dedicas el día -con tu elevada tarifa por hora- a las tareas que van surgiendo, lo que deja poco espacio para las tareas en las que necesitas centrarte.

Sin embargo, el mayor problema que tengo con este enfoque es que un sinnúmero de propietarios de negocios inteligentes está gastando la mayor parte de su tiempo operando su negocio, en lugar de hacerlo *crecer*.

Una buena prueba de ello es preguntarse qué pasaría si se marchara a un destino caluroso y soleado durante tres semanas y dejara el móvil y el portátil en casa. ¿Seguiría funcionando tu empresa?

Si has dicho que no, este capítulo es para ti.

La sistematización de su negocio consiste en establecer políticas y procedimientos para que las operaciones de su empresa se desarrollen sin problemas y, lo que es más importante, sin su intervención constante. Con tu nuevo tiempo libre, **podrás centrar tus esfuerzos en lo más importante: hacer crecer estratégicamente tu negocio.**

¿Por qué sistematizar?

Para la mayoría de los propietarios de pequeñas empresas, los sistemas significan sencillamente liberarse del funcionamiento cotidiano de su organización. La empresa funciona sin problemas, obtiene beneficios y ofrece un alto nivel de servicio, independientemente de la implicación del propietario.

Sistematizar tu negocio también es una forma saludable de planificar. No vas a trabajar para siempre. ¿Qué pasará cuando se jubile? ¿Cómo hará la transición a un nuevo propietario o gestor? ¿Cómo se tomará esas vacaciones con las que tanto sueña?

Las empresas que funcionan sin su propietario también son muy valiosas para los inversionistas. Sistematizar tu empresa puede posicionarla de forma favorable para la compra y merecer un precio elevado.

Un sistema es cualquier proceso, política o procedimiento que consigue sistemáticamente el mismo resultado, independientemente de quién lo lleve a cabo.

Cualquier tarea que se realice en su empresa más de una vez puede sistematizarse. Lo ideal es que las tareas que se realizan de forma cíclica (diaria, semanal, mensual y trimestralmente) estén sistematizadas de tal forma que cualquiera pueda realizarlas.

Los sistemas pueden adoptar muchas formas, desde manuales y hojas de instrucciones hasta carteles, pancartas y grabaciones de audio o vídeo. No tienen por qué ser elaborados ni extensos, sino proporcionar información suficiente, paso a paso, para guiar a la persona que realiza la tarea.

Ventajas de los sistemas empresariales

Hay beneficios ilimitados disponibles para usted y su negocio a través de la sistematización. Cuantos más sistemas implementes con éxito, más beneficios obtendrás.

- Mejor gestión de los costes
- Mejor gestión del tiempo
- Expectativas más claras para el personal

- Formación y orientación del personal más eficaces
- Aumento de la productividad (y potencialmente de los beneficios)
- Clientes más satisfechos (servicio constante)
- Tasas de conversión maximizadas
- Mayor respeto del personal por su tiempo
- Mayor nivel de iniciativa individual
- Mayor atención al crecimiento empresarial a largo plazo

Evaluación de los sistemas existentes

El primer paso para sistematizar su empresa consiste en analizar detenidamente los sistemas existentes (si los hay) en su empresa. En este punto, puedes buscar cualquier sistema que simplemente haya surgido como "la forma en que hacemos las cosas aquí".

¿Cómo atiende el teléfono su personal? ¿Qué procesos siguen los clientes cuando tratan con su empresa? ¿Cómo se contrata a los empleados? ¿Reciben formación? ¿Cómo se evalúa y recompensa el rendimiento?

Puede que algunos de sus sistemas sean muy eficaces y no requieran ningún cambio. Otros pueden ser ineficaces y requerir algún reajuste. Si ya ha establecido algunos sistemas, ahora es un buen momento para comprobar y evaluar su funcionamiento.

Utilice el siguiente cuadro para registrar qué sistemas existen actualmente en su empresa.

Sistemas Existentes	
Administrativos	
Financieros	
Comunicación	
Relación con los clientes	
Colaboradores	
Marketing	
Manejo de datos	

Siete áreas para sistematizar

No cabe duda de que la creación de sistemas, sobre todo cuando no existe ninguno para empezar, es una tarea desalentadora y que requiere mucho tiempo. Para muchas empresas, puede resultar difícil determinar por dónde empezar para aprovechar su tiempo al máximo desde el principio.

Aquí tienes siete áreas principales de tu negocio que puedes sistematizar. Empiece por una de ellas y pase a las demás cuando esté preparado. Alternativamente, comience con uno o dos sistemas dentro de cada área, y evalúe cómo esos nuevos sistemas afectan a su negocio. Cada empresa necesitará su propio conjunto de sistemas.

1. Administrativos

Se trata de un área importante de su empresa que debe sistematizar, ya que las funciones administrativas tienden a experimentar una alta rotación. Una serie de sistemas reducirá el tiempo de formación y evitará que tengas que explicar cómo hay que atender los teléfonos cada vez que se incorpore un nuevo recepcionista a tu equipo

Sistemas Administrativos	
• Procedimientos de apertura y cierre	• Flujos de trabajo
• Saludos y procesos telefónicos	• Producción de documentos y formatos
• Procesamiento de emails	• Manejo de inventario
• Envío de correo	• Proceso de pedidos y ordenes de cliente
• Mantenimiento de las instalaciones	• Gestión de documentos

2. Financieros

Esta es un área de los sistemas que tendrá que vigilar de cerca, pero eso no significa que tenga que hacer el trabajo usted mismo. Los sistemas de gestión financiera lo son todo, desde el seguimiento de las compras con tarjeta de crédito hasta la facturación a los clientes y el seguimiento de las cuentas atrasadas.

Estos sistemas le ayudarán a evitar los potenciales perdidas por parte de los empleados con malas intenciones y le permitirán tener siempre una visión clara de sus cifras. Le permitirá controlar las compras y asegurarse de que todas las decisiones se aprueban.

Sistemas Administrativos	
• Compras	• Facturas
• Seguimiento de tarjetas de crédito	• Salidas de efectivo
• Cuentas por pagar	• Caja
• Cuentas por recibir	• Gastos de empleados
• Depósitos bancarios	• Salarios
• Cheques-Transferencias realizadas	• Pago de comisiones
• Pago de impuestos	• Estado de resultados y balances

3. Comunicaciones

El ámbito de la comunicación es esencial y requiere mucho tiempo para cualquier empresa. Las cartas comerciales, los memorandos internos, los informes y los boletines informativos son elementos que deben ser creados regularmente por diferentes personas de su organización.

La mayoría de las veces, estas comunicaciones no difieren mucho de una a otra, y sin embargo cada una es creada desde cero por una persona diferente. Hay una gran oportunidad para la sistematización en esta área de su negocio. La comunicación sistematizada garantiza la coherencia y la diferenciación de la empresa.

Sistemas de Comunicación	
• Formatos de memorándum interno • Formatos de hoja membretada • Agendas para reuniones de equipo • Emails internos y externos • Formato para *newsletter* a clientes	• Formatos para propuestas comerciales • Formato para minutas de reunión • Formato para reportes internos • Programación de actividades • Proceso de reuniones internas

4. Relación con los clientes

Otro ámbito importante para la sistematización es el de las relaciones con los clientes. Esto incluye todo lo que el cliente ve o tiene relación con su empresa, así como cualquier interacción que pueda tener con usted o con los miembros de su personal.

Establecer un sistema de relaciones con los clientes también garantizará que los nuevos miembros del personal entiendan cómo se trata a los clientes en *su* empresa. Le permitirá mantener un alto nivel de atención al cliente sin tener que recordar constantemente al personal sus políticas. También garantizará que el éxito de sus relaciones con los clientes y su retención no dependa de usted ni de ningún otro vendedor.

Sistemas de Relación con el cliente	
• Scripts de llamada entrante	• Proceso de ventas
• Script de llamada saliente	• Script de ventas
• Estándares de servicio a los clientes	• *Formatos para newsletter*
• Estrategia de retención de clientes	• Estrategia de comunicación con clientes
• Formatos para la comunicación con clientes	• Política de Servicio al cliente

5. Colaboradores

Cree sistemas en su empresa para contratar, formar y desarrollar a sus empleados. Esto establecerá expectativas claras para el empleado y agilizará actividades que consumen mucho tiempo, como la contratación.

Los empleados con expectativas claras que trabajan dentro de estructuras claras son más felices y productivos. Están motivados para conseguir "A" cuando saben que recibirán "B" si lo consiguen.

Establecer un manual de formación claro también le ahorrará a usted y a su personal el tiempo y la molestia de formar a cada nuevo miembro del personal sobre la marcha.

Sistemas de Relación con colaboradores	
• Contratación de empleados • Retención de empleados • Programa de incentivos y beneficios • Revisiones regulares de clientes • Estructura de retroalimentación de empelados	• Código de vestido y uniformes • Entrenamiento y capacitación • Desarrollo profesional y entrenamiento constante • Descripción de trabajo y roles

6. Marketing

Es probable que dedique gran parte de su tiempo al marketing. Se centra en generar nuevos contactos y conseguir que más gente le llame o entre por su puerta. Estos esfuerzos pueden sistematizarse y delegarse en otros miembros del personal.

Utilice la información de este libro para crear sistemas sencillos para sus esfuerzos promocionales básicos. Cualquiera de los miembros de su equipo de marketing debería ser capaz de usar un manual de marketing y poner en marcha una exitosa campaña de correo directo o publicar un anuncio en el medio que decida.

Sistemas de Marketing	
• Programa de referidos • Programa de retención de clientes • Promociones regulares • Calendario de Marketing • Gestión de solicitudes	• Proceso de publicaciones • Sistema de creación de publicaciones • Sistema de *mailing* directo • Procedimientos de ventas • Gestión de clientes potenciales

7. Datos

Aunque nos gusta pensar que trabajamos en una oficina sin papeles, a menudo ocurre lo contrario. Su empresa debe contar con sistemas claros de gestión de la información en papel y electrónica para garantizar que la información esté protegida, sea de fácil acceso y sólo se conserve cuando sea necesario.

Los sistemas de gestión de datos ayudan a mantener organizada la empresa. Todo el mundo sabe dónde hay que almacenar la información y cómo hay que manejarla, lo que evita grandes pilas de papel sin sitio donde ir.

Asegúrese de que sus sistemas de gestión de datos incluyen un sistema de copia de seguridad. De este modo, si algo le ocurre a su servidor o a su programa informático, sus datos (y potencialmente su empresa) estarán protegidos.

Sistemas Gestión de datos	
• Gestión de Sistemas Informáticos • Respaldo de data • Reparación de equipos de computo • Almacenaje electrónico de datos • Gestión de contraseñas	• Sistema de datos de clientes • Sistema de protección de proyectos • Sistemas de punto de venta • Gestión de datos financieros

Implantación de nuevos sistemas

Si ha completado el ejercicio anterior en este capítulo, tiene una buena idea de los sistemas que existen actualmente en su empresa. El siguiente paso es determinar qué sistemas necesita crear en su empresa.

Para ello, tendrá que conocer mejor las tareas que usted y sus empleados realizan diaria y semanalmente. Si utiliza un programa de control horario, puede ser una buena fuente de información. Otra posibilidad es pedir a los empleados que lleven un registro diario durante una semana de todas las tareas a las que contribuyen o que completan. Esto no sólo le dará una valiosa idea de cómo emplean su tiempo cada día, sino que también les implicará en el proceso de sistematización.

Revise todos los registros de tareas u hojas de horas al final de la semana, elimine los duplicados y agrupe las tareas similares. A partir de aquí, puede clasificar las tareas en áreas de negocio como las siete enumeradas anteriormente o crear sus propias categorías.

A continuación, tendrá que priorizar y planificar sus esfuerzos de creación e implantación de sistemas. Elija una de cada categoría, o una categoría en la que centrarse cada vez. La cantidad que pueda asumir dependerá de las necesidades de su empresa y de los recursos de personal de que disponga para este proceso.

Recuerde que la creación de sistemas es un proceso a largo plazo, no algo que vaya a transformar su empresa de la noche a la mañana. Sea paciente y céntrese en los elementos que tengan mayor prioridad.

Creación de sistemas

Existe una gran variedad de formas de crear sistemas para su empresa, dependiendo del tipo de sistema que necesite y del tipo de negocio que gestione. Algunos sistemas serán breves y sencillos (por ejemplo, un cartel plastificado en la cocina que describa paso a paso cómo preparar el café), mientras que otros serán más complejos (por ejemplo, tus guiones de ventas o plantillas de cartas).

Una cosa que tienen en común todos sus sistemas son los pasos. Se trata de un proceso lineal de principio a fin. Empieza escribiendo cada uno de los pasos que hay que dar para completar la tarea y proporciona todos los detalles que puedas.

A continuación, revise la guía paso a paso con los empleados que realizan la tarea con regularidad y recabe sus comentarios. Una vez que haya incorporado sus aportaciones, decida qué formato debe tener el sistema: sitio web, software de procesos en línea, manual, hoja de instrucciones plastificada, cartel, nota de oficina, etc.

Pruebe sus sistemas

Ahora que ha creado un sistema, tendrá que asegurarse de que funciona. Más concretamente, tiene que asegurarse de que funciona sin su intervención.

Implemente el nuevo sistema durante un periodo de tiempo adecuado (una semana o un mes) y, a continuación, solicite la opinión del personal, los proveedores y los clientes. Evalúe si es lo bastante informativo para su personal, lo bastante fluido para sus proveedores y si satisface o supera las necesidades de sus clientes.

Tenga en cuenta esos comentarios y revise el sistema en consecuencia. Rara vez acertarás a la primera, así que ten paciencia.

Los sistemas también deberán evaluarse y revisarse periódicamente para garantizar que los procesos empresariales se mantienen actualizados. Estructure una revisión anual o bianual de los sistemas y cúmplala.

Compromiso de los empleados

Le resultará casi imposible desarrollar sistemas eficaces sin la participación y la aportación de sus empleados. Son las personas que utilizarán los sistemas y que realizan las tareas de forma habitual sin sistemas. Disponen de una gran cantidad de conocimientos para ayudarle en este proceso.

Los empleados también pueden redactar los sistemas para que usted los revise y los finalice. De este modo, el proceso de sistematización será mucho más rápido y eficaz.

También es importante tener en cuenta que cuando se introducen nuevos sistemas en la empresa, puede haber una resistencia natural al cambio. Las personas, incluidos sus empleados, son habituales y pueden acostumbrarse a hacer las cosas de la misma manera.

Delegar responsabilidades

El último paso para sistematizar su empresa es la delegación. ¿De qué sirve crear sistemas si alguien que no seas tú no puede utilizarlos para realizar tareas?

Esto no tiene por qué significar eliminar por completo su participación en el proceso, pero sí dar a sus empleados suficiente libertad para completar la tarea dentro de la estructura de los sistemas que usted ha dedicado tiempo y considerable reflexión a crear.

Después de eso, permítete la libertad de centrarte en las tareas que más te gustan y que más merecen tu tiempo, como crear estrategias de gran alcance para hacer crecer tu negocio y aumentar tus beneficios.

SUS CLIENTES

ENCONTRARLOS Y CONSERVARLOS

Domina la generación de clientes potenciales: Oportunidades ilimitadas de crecimiento para su negocio

¿De dónde proceden sus clientes?

La mayoría de la gente probablemente elegiría la publicidad como respuesta. O las referencias. O las campañas de publicidad directa. Esto puede parecer cierto, pero en realidad no lo es.

Sus clientes proceden de clientes potenciales que se han convertido en ventas. Cada cliente pasa por un proceso de dos pasos antes de llegar con la cartera abierta. Han pasado de ser miembros de un mercado objetivo a clientes potenciales y, a continuación, a clientes.

¿No es lógico que cuando usted hace publicidad o envía cualquier tipo de material de marketing a su mercado objetivo, no esté intentando realmente generar clientes? En su lugar, está intentando generar clientes potenciales.

Cuando contempla su campaña de marketing desde esta perspectiva, la idea de generar clientes potenciales en lugar de clientes parece mucho menos desalentadora. La presión de cerrar ventas ya no recae en los anuncios o los folletos.

Desde esta perspectiva, el objetivo general de sus esfuerzos de publicidad y marketing es generar clientes potenciales cualificados. Parece fácil, ¿verdad?

¿De dónde proceden sus clientes potenciales?

Si le pidiera que me dijera cuáles son las tres formas principales de generar nuevos clientes potenciales, ¿qué diría?

- ¿Publicidad?
- ¿Boca a boca?
- ¿Conexión en red?
- ¿Ni idea?

El primer paso para aumentar el número de clientes potenciales consiste en saber cuántos recibe actualmente de forma regular y de dónde proceden. De lo contrario, ¿cómo sabrá cuándo está recibiendo más llamadas telefónicas o clientes sin cita previa?

Si no sabe de dónde proceden sus clientes potenciales, empiece *hoy mismo*. Empiece por preguntar a cada cliente que entre por su puerta: "¿Cómo nos ha conocido?" o "¿Qué le ha traído hoy?". Pregunte a cada cliente que llame dónde encontró su número de teléfono o su dirección de correo electrónico. Después, *registre la información durante al menos una semana entera.*

Cuando haya terminado, mire su hoja de cálculo y escriba aquí sus tres principales generadores de leads:

1. _____

2. _____

3. _____

De cliente potencial a cliente: Tasas de conversión

Los clientes potenciales no significan nada para su negocio a menos que los convierta en clientes. Puede obtener cientos de clientes potenciales de un solo anuncio, pero a menos que esos clientes potenciales se conviertan en compras, la campaña habrá sido en gran medida infructuosa (y costosa).

La relación entre clientes potenciales y transacciones (clientes reales) se denomina tasa de conversión. Divida el número de clientes que han comprado algo por el número de clientes que han preguntado por su producto o servicio y multiplíquelo por 100.

 # transacciones / # clientes potenciales x 100 = % tasa de conversión

Si, en una semana, entran 879 clientes en mi tienda y 143 de ellos compran algo, la fórmula sería la siguiente:

[143 (clientes) / 879 (clientes potenciales)] x 100 =

16,27% de tasa de conversión

¿Cuál es su tasa de conversión?

Basándose en la fórmula anterior, puede ver que cuanto mayor sea su tasa de conversión, más rentable será el negocio.

El siguiente paso es determinar su propia tasa de conversión actual. Sume el número de clientes potenciales que ha obtenido en la última sección y divídalo por el total de transacciones realizadas en la misma semana.

Escriba aquí su tasa de conversión:

_____.

Leads de calidad (o cualificados)

Basándonos en nuestra revisión de las tasas de conversión, podemos ver que el número de clientes potenciales que genere no significa nada a menos que esos clientes potenciales se conviertan en clientes.

¿Qué afecta a su capacidad (y a la de su equipo) para convertir clientes potenciales en clientes? ¿Necesita mejorar sus guiones? ¿Su producto o servicio? ¿Encontrar una ventaja más competitiva en el mercado?

Tal vez. Pero el primer paso para aumentar las tasas de conversión es evaluar los clientes potenciales que genera actualmente y asegurarse de que son los adecuados.

¿Qué son los clientes potenciales de calidad?

Los clientes potenciales son clientes potenciales, ¿verdad? Cualquiera que entre en su tienda o coja el teléfono para llamar a su negocio podría estar convencido de comprarle, ¿verdad? No necesariamente, pero esta es una suposición común que hacen la mayoría de los propietarios de negocios.

Los clientes potenciales de calidad son las personas con más probabilidades de comprar su producto o servicio. Son los compradores cualificados que componen su mercado objetivo. Cualquiera puede entrar por la calle para echar un vistazo a una tienda de muebles, independientemente de si está buscando un nuevo sofá o un mueble para la sala. Este cliente potencial sólo está interesado en echar un vistazo y no es probable que se convierta en cliente.

Un cliente potencial de calidad sería alguien que busca una nueva mesa de cocina y que se dirigió específicamente a ese mismo mueble porque un amigo había hablado maravillas del servicio que recibió ese mes. **Este es el tipo de clientes potenciales que debe generar.**

¿Cómo conseguir clientes potenciales de calidad?

- **Conozca su mercado objetivo**. Sepa quiénes son sus clientes, las personas con más probabilidades de comprar su producto o servicio. Conozca su edad, sexo, ingresos y motivaciones de compra. A partir de esa información, podrá determinar la mejor manera de llegar a su público específico.

- **Céntrese en la regla 80/20.** Una estadística común en los negocios es que el 80% de sus ingresos proviene del 20% de sus clientes. Estos son sus clientes estrella o sus clientes ideales. Estos son los clientes en los que debe centrar sus esfuerzos de captación. Esta es la forma más fácil de hacer crecer su negocio y sus ingresos.

- **Sé específico.** Concéntrese no sólo en a quién quiere atraer, sino en cómo lo va a hacer. Si intentas generar clientes potenciales de un segmento de mercado específico, elabora una oferta única para captar su atención.

- **Sea proactivo.** Una vez que haya generado un montón de clientes potenciales, asegúrese de que dispone de los recursos necesarios para hacerles un seguimiento. Sea diligente y agresivo y haga un seguimiento puntual. Ya has trabajado para conseguirlos; ahora tienes que atraerlos.

Obtenga más clientes potenciales con sus estrategias actuales

Aumentar la generación de prospectos no significa necesariamente lanzarse de lleno a aplicar una costosa serie de nuevas estrategias de marketing. El marketing y la captación de clientes con fines de generación de leads pueden ser poco costosos, *aunque* generen un alto retorno de la inversión.

Es probable que ya esté aplicando muchas de estas estrategias. Con un pequeño ajuste o refinamiento, puede duplicar fácilmente sus clientes potenciales y asegurarse de que son más cualificados.

He aquí algunas formas populares de generar clientes potenciales de calidad:

Correo directo a sus clientes ideales

El correo directo es una de las formas más rápidas y eficaces de generar clientes potenciales que harán crecer su negocio. Es una estrategia sencilla. De hecho, es probable que ya esté llegando a clientes potenciales a través de cartas de correo directo con ofertas tentadoras.

El secreto para duplicar sus resultados es diseñar sus campañas de publicidad directa específicamente para un público muy específico de sus clientes *ideales*.

Sus clientes ideales son las personas que más comprarán sus productos o servicios. Son los clientes que le comprarán repetidamente y recomendarán su negocio a sus amigos. Son el grupo del 20% de sus clientes que suponen el 80% de sus ingresos.

Identifique a sus clientes ideales

¿Quiénes son sus clientes ideales? ¿Cuál es su edad, sexo, ingresos, ubicación y motivación de compra? ¿Dónde viven? ¿Cómo gastan su dinero? Sea lo más específico posible.

Una vez que haya identificado a sus clientes ideales, puede empezar a determinar cómo llegar a ellos. ¿Corresponderá a hogares o a edificios de apartamentos? ¿A familias o a jubilados? Las listas de correo directo pueden adquirirse a una amplia gama de empresas y pueden dividirse en diversas categorías demográficas y sociales.

Crear una oferta especial

Cree una oferta que sea demasiado buena para rechazarla, no para todo su mercado objetivo, sino para su cliente ideal. ¿Cómo puede satisfacer sus necesidades y deseos particulares? ¿Qué les resultará irresistible?

Por ejemplo, si tiene una tienda de muebles, su mercado objetivo es un amplio abanico de personas. Sin embargo, si se dirige a familias jóvenes, su oferta será muy diferente de la que pueda elaborar para nidos vacíos.

Corteja a tus clientes

No te detengas en un solo envío. A veces la gente borrará el email dos o tres veces antes de sentirse motivada para actuar. Trate su campaña de publicidad directa como un noviazgo y comprenda que los resultados positivos se producirán con el tiempo.

En primer lugar, envíe un email presentándose y presentando su irresistible oferta. A continuación, haga un seguimiento mensual con cartas, boletines, ofertas o folletos adicionales. Repitiendo y reforzando su presencia es como su cliente pasará de decir: "¿Quién es esta empresa?" a "Yo compro en esta empresa".

Publicidad para generar clientes potenciales

Las estadísticas muestran que casi el 50% de las decisiones de compra están motivadas por la publicidad. También puede ser una forma relativamente rentable de generar clientes potenciales.

Ya hemos hablado de la importancia de asegurarse de que sus anuncios se centran en un objetivo. El objetivo general de la mayoría de los anuncios es aumentar las ventas, lo que comienza con los clientes potenciales. Sin embargo, los anuncios que se crean únicamente para generar clientes potenciales (es decir, para conseguir que los clientes cojan el teléfono o entren en la tienda) constituyen una categoría propia.

Los anuncios de captación de clientes potenciales tienen un diseño sencillo y crean una sensación de curiosidad o misterio. A menudo, presentan una oferta casi increíble. Su objetivo no es convencer al cliente de que compre, sino que se ponga en contacto con la empresa para obtener más información.

Como siempre que se dirija a su público ideal, deberá asegurarse de que sus anuncios ocupan un lugar destacado en las publicaciones que su público lee. Esto no significa que tenga que gastarse mucho dinero en anuncios caros. La publicidad económica en boletines electrónicos, anuncios clasificados y páginas amarillas es muy eficaz para generar clientes potenciales.

Estos son algunos consejos para la publicidad de generación de clientes potenciales:

Aprovechar la publicidad de bajo coste

Publique anuncios en la sección de clasificados, en boletines electrónicos, en Internet e incluso en las anticuadas Páginas Amarillas. Si su público objetivo es experto en tecnología (y la mayoría lo es), considere formas de publicidad en línea como Facebook y Google Ads.

Despierta la curiosidad

No les dé toda la información que necesitan para tomar una decisión. Pídeles que se pongan en contacto contigo para conocer toda la historia o recibir los detalles completos de la oferta aparentemente escandalosa.

Capta su atención con un titular impactante

Como en toda publicidad, un titular convincente es esencial. Céntrese en las mayores ventajas para el cliente o presente una oferta increíble.

Programas de referidos

Un sistema de referidos es uno de los sistemas más rentables que puede crear en su negocio. Lo mejor es que, una vez creado, suele funcionar solo.

Los clientes que llegan a usted a través de referidos suelen ser sus "clientes ideales". Ya confían en usted y están dispuestos a comprar. Este es uno de los métodos más rentables de generar nuevos negocios y suele ser el más rentable. Estos clientes recomendados comprarán más, más rápido y remitirán más negocio a su empresa.

Las referencias se producen de forma natural sin mucho esfuerzo para las empresas de renombre, pero con una estrategia de referencias proactiva, seguro que duplicará o triplicará sus referencias. A veces, ¡sólo hace falta preguntar!

He aquí algunas estrategias sencillas que puede empezar a aplicar hoy mismo:

Incentivos por recomendación

Ofrezca a sus clientes una razón para que le recomienden. Recompénselos con descuentos, regalos o servicios gratuitos a cambio de una recomendación acertada.

Programa de referencia

Ofrezca a los nuevos clientes un producto o servicio gratuito para que entren por la puerta. A continuación, al final de la transacción, entrégueles otros tres "cupones" para el mismo producto o servicio gratuito que podrán regalar a sus amigos. Haga lo mismo con sus amigos. Este programa continuo le aportará más negocio del que pueda imaginar.

Relaciones anfitrión-beneficiario

Forje alianzas con empresas no competidoras que se dirijan a sus clientes ideales. Cree campañas de publicidad directa con promociones y referencias cruzadas que beneficien a ambas empresas.

Sistemas de gestión de clientes potenciales

Una vez puestas en marcha las estrategias de generación de clientes potenciales, también necesitará un sistema para gestionar las consultas entrantes. Tendrá que asegurarse de recibir suficiente información de cada cliente potencial para realizar un seguimiento posterior. También tendrá que crear un sistema para organizar esa información y hacer un seguimiento de los clientes potenciales a medida que se convierten en ventas.

Recopilación de información de sus clientes potenciales

He aquí una lista de la información que debe recabar de sus clientes potenciales. Esta lista puede adaptarse a las necesidades de su empresa y al tipo de información que puede solicitar de forma realista a sus clientes potenciales.

- Nombre de la empresa
- Nombre de la persona de contacto
- Persona de contacto alternativa
- Dirección postal
- Número de teléfono
- Teléfono móvil
- Dirección de correo electrónico
- Dirección web
- Producto de interés
- Otros competidores

Métodos de gestión de listas de clientes potenciales:

Una vez que haya recopilado información de sus clientes potenciales, necesitará un sistema para organizar su información y mantener un historial de contactos detallado.

La forma más sencilla de hacerlo es con un programa de base de datos, pero también puede utilizar diversos métodos de copia impresa.

Programas de bases de datos en línea

- Alto nivel de organización disponible

- Espacio ilimitado para notas y registros
- Es necesario introducir datos
- Variedad de software de gestión de relaciones con los clientes.
  Algunos ejemplos son:
  - Salesforce
  - HubSpot CRM
  - Pipedrive
  - Insightly
  - Microsoft Dynamics 365
  - Freshsales
  - Zoho CRM

Plan de fidelización de clientes: Creando clientes que compren, repitan, permanezcan y recomienden

C uando se trata de comercializar y generar más ingresos, la mayoría de los empresarios se centran en el exterior de la empresa.

Han establecido y segmentado cuidadosamente su mercado objetivo y han creado ofertas y mensajes específicos para cada segmento de mercado. Gastan miles de dólares en publicidad y campañas de correo directo en busca de más clientes potenciales, más clientes y más tráfico.

Aunque es una forma eficaz de motivar el crecimiento de una empresa, es costosa y requiere mucho tiempo. Requiere un esfuerzo constante y consistente y, aunque este enfoque genera resultados, esos resultados desaparecen rápidamente cuando el esfuerzo cesa o se vuelve menos intenso.

Las empresas de éxito que experimentan un crecimiento sostenido tienen una estrategia de marketing de doble filo. Centran sus esfuerzos en *el exterior*, en nuevos clientes potenciales y en el marketing, así como en *el interior*, en los clientes existentes y en el negocio de referencia.

Estas empresas de éxito han aprovechado sus esfuerzos para generar más ingresos. En pocas palabras, sus clientes les compran repetidamente.

Para la mayoría de las empresas, ésta es la forma más fácil de aumentar sus ingresos. Unas sencillas estrategias de fidelización de clientes y un excelente servicio de atención al cliente suelen ser todo lo que necesita para aumentar drásticamente las ventas de los clientes que *ya tiene*.

El costo de obtener tus clientes

¿Sabe cuánto le cuesta a su empresa captar nuevos clientes? A este costo se le conoce como Costo de Adquisición (CAC). Es un concepto financiero esencial para la salud de una empresa.

El Costo de Adquisición del Cliente es el conjunto de inversiones hechas para convencer a un prospecto en volverse cliente.

¿Cómo calcular el Costo de Adquisición del Cliente?

Al definir un período específico para análisis, como un determinado mes o año, el CAC puede ser calculado de una forma simple:

CAC = (todo lo invertido en marketing + todo lo invertido en ventas) / número de clientes conquistados

Cada nuevo cliente que entra por su puerta, salvo las referencias, le ha costado dinero conseguirlo. Ha gastado dinero en publicidad y promociones para generar clientes potenciales y convertirlos en clientes.

Por ejemplo, si ha publicado un anuncio en su periódico local con un costo de 1.000 y el anuncio atrae a 10 clientes, habrá pagado 100 para captar a cada cliente. Tendría que asegurarse de que cada uno de esos clientes gasta al menos 200 para cubrir su margen y alcanzar el punto de equilibrio.

Por otro lado, si invierte dos horas de su tiempo y 10 dólares al mes en un programa de marketing por correo electrónico para enviar un boletín a su base de datos de clientes y, como resultado, consigue 10 clientes, cada cliente le habrá costado sólo 1 dólar.

Generar más negocio recurrente significa centrarse en las estrategias de marketing que tienen como objetivo mantener a sus clientes existentes en lugar de comprar nuevos, reduciendo de forma efectiva el coste de atraer nuevos clientes a su negocio.

Estas estrategias son sencillas de poner en práctica y no requieren una gran inversión de tiempo, sólo un sólido conocimiento de cómo hacer que los clientes quieran volver y gastar más dinero en su empresa.

Mantener a sus clientes

Las estrategias de marketing que se centran en mantener su base de clientes actual son fáciles y agradables de aplicar. Le permiten entablar relaciones reales con las personas con las que hace negocios, en lugar de tratar con una puerta giratoria de personas al otro lado de su proceso de ventas.

Los clientes habituales crean una comunidad de personas en torno a su negocio que presumiblemente comparten las mismas necesidades, deseos y frustraciones. La información que obtenga de estos clientes (investigación de mercado) puede ayudarle a reforzar su conocimiento de su público objetivo y a segmentarlo con mayor precisión.

Recuerde que el 80% de sus ingresos procede del 20% de sus clientes. Céntrese siempre en estos clientes. Son los clientes ideales que quiere captar y conservar.

Atención al cliente: Haz que les encante comprarte

Todas las empresas, incluso las que tienen un nivel de servicio excelente, pueden mejorar el servicio que prestan a sus clientes. El servicio al cliente parece ser un concepto en vías de extinción en la mayoría de las empresas; parece que se presta más atención a la rapidez de la transacción. Hoy en día, incluso se puede ir al supermercado y no hablar con ningún dependiente gracias a las cajas de autoservicio.

Para mejorar los niveles de atención al cliente de su empresa, realice una encuesta entre sus clientes y empleados para idear formas de mejorar la experiencia de compra en su empresa.

Las normas de atención al cliente de éxito (las que hacen que sus clientes *compren*) son:

Coherente.

Todas las personas de la organización cumplen las normas y procesos. Las expectativas son claras y se cumplen. Los clientes saben qué esperar y eligen su empresa por esas expectativas.

Comodidad.

Para el cliente, gastar dinero en su establecimiento no supone ningún esfuerzo. La comodidad puede adoptar muchas formas: ubicación, selección de productos y servicios de valor añadido como la entrega. También es coherente.

Orientado al cliente.

El servicio que recibe el cliente es exactamente como le gustaría ser tratado al comprar su producto o servicio. Refleja su mercado objetivo y es adecuado a su estilo de vida. Los clientes probablemente no apreciarían los manteles de lino blanco en un restaurante de comida rápida, pero sí una garantía de "servido en 2 minutos o menos".

Boletines informativos: Manténgase en contacto con sus clientes

Un boletín de noticias periódico es una estrategia de marketing fácil, eficaz en el tiempo y barata de implementar. Por desgracia, muchas pequeñas empresas piensan que llevan demasiado tiempo y son demasiado caras para adoptarlas como parte de su estrategia de marketing.

El tipo más popular de distribución de boletines es el correo electrónico. Esto le costará a su empresa tan solo 10 $ al mes por una suscripción a un servicio de marketing por correo electrónico y se puede personalizar según su marca única.

He aquí un sencillo proceso de cinco pasos para crear un boletín de empresa:

1. **Elija su público.** ¿Nuevos clientes? ¿Segmento de mercado? ¿Clientes existentes?

2. **Elige lo que vas a decir.** ¿Noticias de la empresa? ¿Producto destacado? ¿Nueva oferta?

3. **Determina cómo vas a decirlo**. ¿Artículos? ¿Con viñetas? ¿Imágenes?

4. **Decide cómo va a llegar a tu público**. ¿Por correo electrónico? ¿Por correo? ¿En la tienda?

5. **Haga un seguimiento de los resultados.** ¿Cuántas personas lo han abierto? ¿Lo leyeron? ¿Actuaron?

Servicio de valor añadido: Deles sorpresas agradables

Añadir valor a su negocio es una forma eficaz de recuperar a sus clientes. Todas las personas que conozco elegirían una tienda de colchones que ofreciera entrega gratuita antes que otra que no lo hiciera. Es así de sencillo.

Hay muchas formas de añadir valor a su negocio, entre ellas:

Destaque su experiencia.

Utilice sus conocimientos para ofrecer valor añadido a sus clientes. Ofrezca una guía del consumidor o un informe gratuito con cada compra.

Añada servicios de conveniencia.

Ofrezca un servicio que facilite o haga más cómoda la compra. El mejor ejemplo es el envío o la entrega gratuitos.

Empaquete servicios complementarios.

Empaquetar juntos artículos similares aumenta el valor percibido. Esto es ideal para los kits de puesta en marcha.

Ofrezca nuevos productos o servicios.

Presente productos exclusivos o de primera línea, disponibles sólo en su empresa. Ofrezca un nuevo servicio o perfile a un nuevo miembro del personal con conocimientos especializados.

Los servicios de valor añadido generan clientes recurrentes de dos maneras:

1. Impresiónelos en su primera visita. Impresione al cliente con un gran servicio, un producto que satisfaga sus necesidades y, después, sorpréndale con algo extra que no esperaba. Consiga que asocien la experiencia de tratar con su empresa con sorpresas agradables y cree una percepción de mayor valor.

2. Atraerlos para que vuelvan. La introducción de un nuevo servicio de valor añadido puede bastar para convencer a un cliente de que vuelva a comprarle. Su compra inicial estableció una relación de confianza y conocimiento de su empresa y sus procesos. Querrán "estar incluidos" en todo lo nuevo que ofrezcas, sobre todo si hay exclusividad. Es más fácil atraer a clientes que ya le han comprado que a clientes potenciales que no lo han hecho.

Programas de fidelización de clientes: Deles incentivos

Otra forma sencilla de mantener el contacto con los clientes existentes y hacer que vuelvan a usted es crear un programa de fidelización de clientes.

Estos programas no tienen por qué ser complicados ni costosos y son relativamente fáciles de mantener una vez implantados. Estos programas le ayudan a obtener más información sobre sus clientes y sus hábitos de compra.

He aquí algunos ejemplos de programas de fidelización sencillos que puede poner en práctica:

Producto o servicio gratuito.

Regáleles uno de cada diez (o seis) productos o servicios. Produzca tarjetas de sellos con su logotipo e información de contacto.

Dinero de recompensa.

Devuélveles un determinado porcentaje de su compra en dinero que sólo puede gastarse en la tienda. Produzca "dinero divertido" con su logotipo y marca.

Puntos de recompensa.

Deles un determinado número de puntos por cada compra que realicen. Estos puntos pueden gastarse en la tienda o en artículos especiales que traigas sólo por puntos.

Servicios para socios.

Dé a sus clientes especiales acceso a servicios VIP que no estén disponibles para otros clientes. Crear tarjetas de socio o repartir números de socio.

Recuerde que para que esta estrategia funcione, usted y su equipo deben entenderla y promoverla. El programa en sí se convierte en un producto que usted vende.

LAS VENTAS

HAZ QUE SEA UNA REVOLUCIÓN

Acelerador de ventas inmediatas: Estrategias para un rápido crecimiento de los ingresos

---

S i eres empresario, también eres vendedor.

Has tenido que ¨vender¨ al banco para que te preste el capital inicial. Ha tenido que convencer a los mejores empleados de por qué deberían trabajar en su empresa. Ha tenido que convencer a su socio, a su cónyuge y a sus amigos de que su idea empresarial es buena.

Ahora, debe vender repetidamente su producto o servicio a sus clientes.

La capacidad de vender con eficacia y eficiencia es una habilidad que todo empresario de éxito ha cultivado y sigue desarrollando. Puede ser una tarea complicada y que requiere mucho tiempo, una tarea en la que tendrás que trabajar continuamente a lo largo de tu carrera para tener (y mantener) el éxito.

Afortunadamente, hacer ventas es un proceso paso a paso que se puede aprender, personalizar y mejorar continuamente. Hay una amplia gama de herramientas disponibles para ayudar y apoyar sus esfuerzos de ventas.

No hace falta ser la persona más extrovertida y entusiasta para tener éxito en las ventas. Ni siquiera tiene que ser un buen orador. Todo lo que necesitas es comprender el proceso básico de venta y sentir auténtica pasión por lo que vendes.

Introducción a las Ventas

Como ya se ha dicho, vender es un proceso. Hay acciones claras, paso a paso, que se pueden tomar y que resultarán en una venta.

El proceso de ventas varía según el tipo de empresa, el tipo de clientes y el tipo de producto o servicio que se ofrece; sin embargo, los pasos fundamentales son los mismos. Del mismo modo, la formación en ventas varía de un individuo a otro, pero las habilidades y capacidades básicas siguen siendo las mismas.

He aquí un proceso básico de siete pasos que puede seguir o ajustar para adaptarlo a sus productos y servicios específicos. Recuerde que cada paso es importante y se basa en el anterior. Es esencial ser experto en cada paso, en lugar de centrarse únicamente en cerrar la venta.

1. Preparación

Asegúrese de que se ha preparado para su reunión, presentación o jornada de ventas. Tú tienes el control absoluto de esta parte del proceso de venta, así que es importante que hagas todo lo posible para preparar el terreno para el éxito.

- Comprenda su producto o servicio por dentro y por fuera.
- Prepara todo el material necesario y organízalo ordenadamente.
- Mantenga su establecimiento ordenado y organizado. Vuelva a colocar los productos en las estanterías.
- Asegúrese de que su aspecto es profesional y está bien cuidado.
- Investiga un poco sobre tu cliente potencial e intercambia ideas para encontrar puntos en común.

2. Construir una relación

Los primeros minutos que pase con un cliente potencial sentarán las bases para el resto de su interacción. La primera impresión lo es todo. Su objetivo en el segundo paso es relajar al cliente y empezar a desarrollar una relación con él. Establecer una relación real con el cliente generará confianza.

- Dé una buena primera impresión: estreche la mano, establezca contacto visual y preséntese.
- Manténgase seguro y profesional, pero también agradable.
- Refleja su forma de hablar y su comportamiento.
- Comience con preguntas generales y una pequeña charla.
- Muestre interés por ellos y por su lugar de trabajo.

- Observa y comenta los aspectos positivos.

- Encuentre un terreno común en el que relacionarse.

3. Discutir necesidades y deseos

Una vez que haya dedicado unos momentos a conocer a su cliente potencial, empiece a hacerle preguntas abiertas para descubrir algunas de sus necesidades y deseos. Si han acudido a usted en la sala de ventas, pregúnteles qué le ha traído a la tienda. Si ha quedado con ellos para presentarles su producto o servicio, pregúnteles por qué les interesa o qué criterios tienen en mente para ese producto o servicio.

- Si va a hacer una presentación de ventas, pida unos minutos al principio para exponer el propósito de su visita, así como la forma en que ha estructurado la presentación.

- Escuche atentamente y repita la información que no esté seguro de haber entendido.

- Haga preguntas abiertas para hacerles hablar. Cuanto más tiempo hablen, más información le proporcionarán sobre sus necesidades y motivaciones de compra.

- Haz preguntas aclaratorias sobre sus respuestas.

- Si está seguro de que el cliente va a comprar su producto o servicio, empiece a hacerle preguntas específicas sobre la oferta (por ejemplo, ¿qué talla/color prefiere?).

4. Presentar la solución

Una vez que tenga un conocimiento sólido de lo que buscan o del problema que quieren resolver, puede empezar a presentarles la solución: su producto o servicio.

- Explique cómo su producto o servicio resolverá su problema o satisfará sus necesidades. Si se aplican varios productos, empiece presentando el de nivel medio.

- Ilustre sus argumentos con anécdotas sobre otros clientes satisfechos o premios que haya recibido el producto o servicio.

- Utilice ejemplos hipotéticos en los que aparezca su cliente. Anímelos a imaginarse un escenario después de su compra.

- Empiece describiendo los beneficios del producto y, a continuación, las características y ventajas.

- Observe el comportamiento de su cliente mientras habla y haga más preguntas de cualificación en respuesta al lenguaje corporal y los comentarios verbales.

- Dé al cliente la oportunidad de hacerle preguntas o darle su opinión sobre cada producto o servicio después de habérselo descrito o explicado.

- Haga preguntas cerradas para obtener el acuerdo.

5. Superar las objeciones

Mientras presenta el producto o servicio, tome nota de las posibles objeciones formulando preguntas abiertas y observando el lenguaje corporal. Espere que surjan objeciones y prepárese para ello. Considere la posibilidad de hacer una lluvia de ideas con una lista de todas las objeciones potenciales y anote sus respuestas.

- Repita la objeción al cliente para asegurarse de que la ha entendido correctamente.

- Empatizar con lo que han dicho y luego dar una respuesta que supere la objeción.

- Confirma que la respuesta que has dado ha superado su objeción repitiéndote a ti mismo.

Las ocho objeciones más comunes
• El producto o servicio parece que no tiene valor para mi
• No hay una razón para que lo compre ahora. Esperare un poco
• Me siento más seguro no hacer la compra en este momento
• La competencia me ofrece un mejor producto
• No tengo suficiente dinero para hacer la compra
• Hay un problema en mi empresa
• La relación con la persona que toma la decisión de compra no es buena
• Hay un contrato vigente con otra empresa

6. El cierre

Se trata de una parte importante del proceso de venta que debe tratarse con delicadeza. Decidir cuándo cerrar es una decisión que debe tomarse en el momento de la venta. Lo ideal es haber presentado una solución a su problema, haber superado las objeciones y tener al cliente preparado para comprar.

He aquí algunas preguntas que debe hacerse antes de cerrar la venta:

- ¿Está de acuerdo mi cliente potencial en que mi producto o servicio tiene valor?

- ¿Comprende mi cliente potencial las características y ventajas del producto o servicio?

- ¿Queda alguna objeción por resolver?

- ¿Qué otros factores podrían influir en la decisión de compra de mi cliente potencial?

- ¿He minimizado el riesgo de la compra y le he dado cierto grado de urgencia?

Una vez que haya decidido que ha llegado el momento de hacer la venta, aquí tiene algunos ejemplos de declaraciones que puede utilizar para poner en marcha el proceso:

- Entonces, ¿empezamos?

- ¿Te parece si voy por un producto nuevo del almacén?

- Si me da su tarjeta de crédito, puedo encargarme de la transacción mientras usted sigue navegando.

- ¿Cuándo desea recibir el producto?

- Podemos empezar el mes que viene si recibimos el pago antes del fin de semana.

- ¿Puedo enviarle mañana por correo electrónico un borrador del contrato?

7. Servicio + Seguimiento

Una vez realizada la venta, su trabajo no ha terminado. Quiere asegurarse de que ese cliente se convierta en un cliente fiel, que repita y que recomiende su negocio a sus amigos.

Pídales que formen parte de su base de datos de clientes y manténgase en contacto con ellos mediante boletines periódicos. Haz un seguimiento con una llamada telefónica o una visita para preguntarles si están disfrutando del producto o servicio y si tienen más preguntas o necesidades en las que puedas ayudarles.

Esta oportunidad de contacto también le permitirá pedir una recomendación o una venta cruzada. Como mínimo, te asegurará que sigues fomentando y construyendo una relación con el cliente.

Venta cruzada

La venta cruzada consiste simplemente en invitar a sus clientes a gastar más dinero en su negocio comprando productos o servicios adicionales. Esto puede incluir más del mismo producto, productos complementarios o artículos de impulso.

En cualquier caso, la venta cruzada es una forma eficaz de aumentar los beneficios y crear clientes fieles, sin tener que gastar dinero para adquirir el negocio. Estos clientes ya te están comprando, lo que significa que perciben valor en lo que les ofreces, así que aprovecha la información que has obtenido en el proceso de venta y ofréceles un poco más.

La venta cruzada se practica a diario. Desde "¿Quiere patatas fritas con eso?" hasta "¿Ha oído hablar de nuestro programa de protección de productos?", empresas de todo el mundo han aprovechado y entrenado a su personal en el valor de la venta cruzada.

La venta cruzada está realmente arraigada en un buen servicio al cliente. Si tu cliente compra una nueva impresora de ordenador, tendrás que asegurarte de que tiene los cables necesarios para conectarla al ordenador, papel normal y fotográfico, y tinta en color y en blanco y negro.

Si no sugiere estos artículos, puede que lleguen a casa y se den cuenta de que no tienen todos los materiales necesarios para utilizar el producto. Puede que opten por comprar esos materiales en algún sitio más cercano, más barato o útil.

La educación del cliente es otra forma de venta cruzada. ¿Qué pasa si su cliente no sabe que usted vende una gran variedad de papel para impresora y artículos de papelería, además de equipos informáticos como impresoras? Aproveche cualquier oportunidad para informar a su cliente de los productos y servicios que ofrece y que puedan interesarle.

Una forma eficaz de implantar un sistema de venta cruzada en su negocio consiste simplemente en crear listas de productos complementarios para los productos o servicios que ofrece. Cada artículo tiene una lista de artículos relacionados que su cliente puede necesitar. Esto animará a su personal a desarrollar el hábito de sugerir una venta cruzada.

Pueden aplicarse otras estrategias de venta cruzada:

- **En el punto de venta.** Este es un buen lugar para artículos de impulso como caramelos, linternas, tijeras de uñas, etc.
- **En un boletín semanal.** Se trata de una estrategia eficaz para educar a los clientes.
- **En sus estantes.** Coloque tiras de artículos de impulso cerca de artículos relacionados. Por ejemplo, clips con papel y bolígrafos cerca de carpetas.

- **Por teléfono.** Si alguien hace un pedido para entrega a domicilio, ofrézcale artículos adicionales en el mismo envío para mayor comodidad.

- **Con nuevos productos.** Destaque en su empresa cada nuevo producto o servicio que ofrezca y pida a su personal que lo mencione a todos los clientes.

Equipo de ventas

¿Qué hace bueno a un vendedor?

Hay muchos vendedores, pero ¿qué cualidades y habilidades hacen que un vendedor sea bueno? Estos son los atributos que querrá encontrar o desarrollar en su equipo:

- Disposición para aprender y mejorar continuamente las habilidades de venta
- Sinceridad a la hora de relacionarse con los clientes y aportar soluciones a sus objetivos
- Comprensión del panorama general de la empresa
- Un estilo de comunicación directo, educado y profesional.
- Honestidad y respeto por los demás miembros del equipo, los clientes y la competencia.
- Capacidad para gestionar el tiempo
- Entusiasta
- Inquisitivo
- Pensamiento Critico
- Un gran oyente

- Capacidad para interpretar, analizar y responder rápidamente a la información durante el proceso de venta.

- Capacidad para conectar y desarrollar relaciones de confianza con clientes potenciales.

- Aspecto profesional

Team Building - Mantener unido a su equipo

En muchas empresas, las ventas son un departamento o todo un equipo de personas que trabajan juntas para generar clientes potenciales y convertir clientes. La gestión eficaz del equipo de ventas es una habilidad que todo empresario debe cultivar.

La creación de equipos, la contratación y la formación se tratarán en secciones posteriores, pero dedique algún tiempo a considerar los siguientes aspectos de la gestión de un equipo de ventas:

Comunicación con el equipo

- ¿Se revisan periódicamente los objetivos y resultados?

- ¿Se ofrecen regularmente oportunidades para realizar aportaciones?

- ¿Saben claramente los miembros del personal de ventas lo que se espera de ellos?

- ¿Conoce todo el personal los objetivos diarios, semanales y trimestrales?

Gestión del desempeño del equipo

- ¿Están motivados los vendedores para alcanzar sus objetivos?

- ¿Se reconoce y recompensa al personal de ventas una vez alcanzados esos objetivos?

- ¿Existen oportunidades de formación y desarrollo de competencias?
- ¿Tiene el personal un conocimiento amplio y exhaustivo del producto o del sector?
- ¿Existen oportunidades de crecimiento dentro de la empresa?
- ¿Se revisa periódicamente el rendimiento?

Gestión de las Operaciones

- ¿Conoce bien sus cifras de ventas (ingresos, beneficios, márgenes)?
- ¿Se revisan periódicamente sus procesos de venta?
- ¿Tiene preparados varios guiones de venta?
- ¿Mide las tasas de conversión?
- ¿Cómo se generan sus clientes potenciales?

Herramientas de venta

Todo vendedor debe tener a mano un arsenal de herramientas que le ayuden en el proceso de venta. Estas herramientas pueden servir de ayuda mientras se realiza una venta o contribuir a fomentar el aprendizaje y el desarrollo continuos de las habilidades y el enfoque del vendedor.

La siguiente lista incluye algunas herramientas de ventas populares. Añada a esta lista otros recursos específicos para su empresa o sector.

Herramientas y Recursos	Descripción y Beneficio

• Scripts	• Utilizados para actividades de marketing, llamadas de ventas en frio, ventas a domicilio o en tienda física • Crear diferentes scripts para cada área de la empresa es fundamental • Mantiene la consistencia en los procesos de venta • Revisa y actualiza los scripts cada 6 meses
• Presentaciones y Materiales	• Información de alta calidad sobre el producto o servicio • Formularios para: Presentaciones de PowerPoint, Folletos comerciales, especificaciones de productos/servicios, propuestas comerciales • Funciona como un marco de trabajo para los vendedores y equipo comercial
• Colegas	• Son una fuente de ayuda y consejo, especialmente cuando están en el mismo equipo o venden productos similares •
• Bases de datos de clientes	• Una base de datos actualizada y precisa que incluya la información de los clientes, medios de contacto e histórico • Usada para mantener contacto constante con los clientes • Necesaria para enviar campañas de email y seguimiento de telemarketing
• Internet	• Es una poderosa fuente para las ventas, para buscar ayuda y soporte • Herramientas de Inteligencia Artificial pueden ser usadas como coaching de ventas

		• Fuente para conocimiento del producto más profundo
• Capacitación constante		• Mejora constante de las habilidades de ventas
		• Permite incrementar el conocimiento de los productos o servicios
		• Es necesario invertir en el propietario y en la empres

8 consejos para vender mejor

Vestirse para el éxito

Vístase de forma profesional, esté bien arreglado y mantenga una buena higiene. Asegúrese de que no sólo viste de forma profesional, sino también *adecuada*. ¿Se sentiría más cómodo su cliente si usted llevara traje o vaqueros y americana?

Hable el idioma de los clientes

Demuestre que entiende su sector o cultura y utilice frases que su cliente entienda. Para ello puede ser necesario investigar la jerga del sector o frases comunes. Recuerde evitar el uso de palabras y frases que se utilizan en el proceso de venta (vendido, contrato, telemarketing, financiación, interés, etc.). Esto ayudará a romper la barrera entre vendedor y cliente.

Destile positividad

Preséntese o conteste al teléfono con una sonrisa y deje atrás sus problemas personales o empresariales. Muéstrese entusiasmado con lo que tiene que ofrecer y con la forma en que esa oferta beneficiará a su cliente. Refleje esto no solo en su voz, sino también en su lenguaje corporal.

Haga una buena presentación y entrega de información

Muéstrese seguro y convincente. Deje las dudas en la puerta y entre asumiendo la venta. Tómese su tiempo para explicar conceptos complejos y relacione siempre lo que dice con su público de una forma concreta.

Sea un ejemplo de buenos modales.

Acepta cualquier detalle que te ofrezcan, escucha con atención, no interrumpas, no llegues tarde, da un fuerte apretón de manos y presta la misma atención a todas las personas con las que hables.

Evite los temas delicados.

La política, la religión, las malas palabras, las insinuaciones sexuales y los comentarios racistas están prohibidos. También lo están los comentarios negativos sobre otros clientes o la competencia.

Crear una relación real con su cliente

Los rompehielos y las conversaciones triviales no son sólo para pasar el rato antes de la presentación. Sirven para establecer relaciones.

Muestre un interés genuino por todo lo que su cliente tenga que decir. Haga preguntas sobre temas que sepa que les apasionan. Hable de persona a persona, no de vendedor a cliente. Recuérdelo todo.

Saber más de lo necesario

Impresione a los clientes con un conocimiento exhaustivo, no sólo de su producto o servicio, sino también de las personas que lo utilizan. Manténgase al día de las tendencias del sector. Sea visto como un experto para generar confianza y respeto.

Copywriting: Técnicas para maximizar el éxito en marketing y ventas

C opwriting es el arte de escribir textos persuasivos y efectivos para publicidad o marketing, con el objetivo de atraer la atención del público y persuadirlo a realizar una acción específica, como comprar un producto o contratar un servicio.

Cuando se trata de marketing, todos sabemos que *lo que se* dice es tan importante como *la forma de* decirlo.

De hecho, podría decirse que la forma de decir algo es incluso más importante que lo que se dice.

Piense en ello. El objetivo de la comunicación es hacer llegar un mensaje al público destinatario. En el mundo de los negocios, esto significa decirle a tu mercado objetivo por qué debería comprar tu producto o servicio y por qué debería comprártelo a ti.

Puedes tener la mejor oferta, la más irresistible que exista, pero si no consigues que tu público preste atención a tu anuncio, no sirve para nada. Puedes ofrecer la solución a su mayor frustración, pero si no consigues que lean más allá de tu titular, no significa nada.

Una redacción eficaz transmite el mensaje a su público objetivo y le lleva a actuar.

La redacción publicitaria eficaz le consigue la venta.

Buen *COPY*, mal *COPY*

En el contexto de *copywriting*, "copy" se refiere a los textos o contenido escrito que se utiliza para la publicidad o marketing, tales como anuncios, correos electrónicos, publicaciones en redes sociales, páginas de ventas, entre otros.

Existen varios conceptos erróneos sobre la redacción de textos publicitarios.

La primera es que un buen texto debe ser inteligente (o ingenioso, divertido, dramático, irónico, etc.). La gente cree que sus anuncios tienen que competir con los de las páginas de Vanity Fair o el New York Times. Creen que su campaña tiene que estar plagada de palabras ingeniosas que aludan a la cultura pop del momento o que posicionen a su empresa como "moderna" o sofisticada.

Esto, según mi experiencia, son disparates.

La segunda suposición que hacen la mayoría de los empresarios es que un buen texto es la columna vertebral del éxito de un anuncio o una campaña de marketing. No sabes cuántos buenos redactores he visto cargar con la culpa de una mala oferta o de un producto mal posicionado.

El tercer concepto erróneo es que hay que ser un buen escritor para escribir buenos textos. O, si no eres un buen escritor, que necesitas gastar miles de dólares en un redactor para cada una de tus piezas de marketing.

Eso también son disparates.

Entonces, ¿qué es un buen texto? ¿Y cómo se escribe?

El objetivo de su texto

Estos son los puntos clave que debe recordar a la hora de elaborar sus anuncios:

1. Un buen titular consigue que sus lectores lean la primera frase.
2. Una buena primera frase hace que los lectores lean la segunda.
3. Y así sucesivamente, hasta el final de su pieza de marketing o el cierre de la venta.

Sencillo, ¿verdad?

El objetivo del texto de sus materiales de marketing es persuadir al público para que compre lo que usted ofrece, frase a frase. Una vez que entienda que la redacción publicitaria es escritura persuasiva, no creativa ni técnica, tendrá mucho más éxito con sus esfuerzos de redacción publicitaria.

Los textos persuasivos pueden redactarse de varias formas, que analizaremos más adelante, pero siempre incluyen:

- un titular convincente, impactante o apasionante
- una promesa firme
- centrarse en las ventajas, no en las características
- pruebas que respalden sus afirmaciones

La escritura convincente construye lentamente un asunto y va conduciendo al lector por un camino específico hasta la conclusión: la venta. El argumento o mensaje se construye a lo largo de varias frases, o párrafos, hasta que el lector está preparado y listo para la pregunta.

Por ejemplo, si en su titular dijera directamente: "Compre transmisiones de auto Tommy para solucionar sus problemas", su público, muy escéptico, no echaría un segundo vistazo a su anuncio. Usted ha pedido la venta desde el principio, antes de generar cierta confianza y persuadir poco a poco a sus lectores.

Sin embargo, si se tomara el tiempo de construir su caso, el anuncio diría algo así:

NO COMPRES OTRA TRANSMISION DE AUTO HASTA QUE LEAS ESTO

¿Sabía que las transmisiones de auto se fabrica con sólo un 25% de materiales auténticos? Para acelerar la producción y reducir costes, en la última década los fabricantes de transmisiones de auto han empezado a recurrir en gran medida a materiales artificiales.

¿Confiaría la seguridad de su familia a un producto que reduce la calidad para preservar el beneficio?

En Tommy's la seguridad de su familia es lo primero. Nuestras transmisiones de auto son más resistentes y seguros, porque seguimos fabricándolos a la antigua usanza: con materiales 100% auténticos y garantía de por vida.

Claro que cuestan un poco más que el material medio, pero ¿cuánto más pagarías por la seguridad de tu familia?

Este anuncio no va a ganar ningún premio Pulitzer, pero no lo necesita. Atrae a la audiencia, comunica ventajas, apoya con características y esboza un argumento convincente

Titulares

Los titulares son tan cruciales para la redacción de su anuncio o carta de ventas que merecen una sección entera en este capítulo.

Su titular es la primera oportunidad que tiene de impresionar a su público objetivo. Muy posiblemente, también sea su única oportunidad. Sin un titular que agarre a su lector por el cuello y se centre en lo que tiene que decir, el resto de su anuncio es inútil.

Por eso, incluso los mejores redactores dedican el 50% de su tiempo al titular y el otro 50% al resto del texto.

Teniendo esto en cuenta, es importante señalar que el titular debe hacer algo más que llamar la atención de los lectores potenciales.

También tiene que decirles por qué deberían interesarse. El titular debe transmitir un mensaje completo que informe y anime a seguir leyendo.

La forma más eficaz de hacerlo es hacer una oferta o promesa al lector que haga que el tiempo que invierte en leer su anuncio merezca la pena.

Parece mucho para 8 o 10 palabras, ¿verdad?

Longitud del titular

La idea generalizada en cuanto a la longitud de los titulares es que cuanto más cortos, mejor. Pero esto viene de la creación de titulares para periódicos y revistas, donde el espacio es limitado y no hay nada en venta.

De hecho, según estudios realizados en el sector de la publicidad directa, entre el 40 % y el 50 % de los titulares más eficaces tienen más de ocho palabras, lo que significa que no existen reglas rígidas para la longitud de los titulares.

Otro ejemplo comercial de la longitud de los titulares es el de las cartas de ventas. Seguro que ha visto titulares en cartas de ventas que constan de párrafos pequeños. Es la forma de pensar opuesta a la de los titulares de los periódicos, pero en este medio funciona.

Si necesita más de ocho palabras para transmitir su mensaje, utilice más.

Lectores de titulares: La regla 80/20

Según las estadísticas de lectura, ocho de cada diez personas leen los titulares, pero solo dos de cada diez leen el resto del anuncio o la carta. Esto demuestra la importancia de crear titulares poderosas y significativos. También demuestra que un titular eficaz es la llave de oro para conseguir que se lea el resto del artículo.

Así pues, es lógico que cuanto mejor sea su titular, mayores serán las posibilidades de mejorar las medias de estas estadísticas.

Tipos de titulares

Los titulares directos simplemente exponen la oferta o propuesta de la forma más clara posible. *Toda la ropa de invierno con un 30% de descuento.*

Los titulares de noticias suelen anunciar un nuevo producto o información e imitan el titular que se leería en un periódico. *Johnny lanza una nueva línea de piñones mejorados.*

El titular de la pregunta plantea una cuestión con la que el lector puede identificarse o que le impulsaría a seguir leyendo para encontrar la respuesta. *¿Quiere una piel más tersa?*

El titular "Cómo" indica al lector que el cuerpo del texto o el producto explicará paso a paso las instrucciones para algo de interés para el lector. *Cómo ahorrar 1.000 euros en costes de energía este año.*

El titular de orden es uno de los tipos de titular más fuertes y ordena al lector que haga algo. *Haga realidad sus sueños hoy mismo.*

El titular "7 razones por las que" indica al lector que el cuerpo del texto incluirá 7 (u otro número inferior a siete) puntos que respaldarán una afirmación o ilustrarán las ventajas del producto. *7 razones por las que tus hijos adolescentes no te hacen caso.*

Titula Testimonial aprovecha el poder de la opinión de personas ajenas a la empresa y expertos, y los cita directamente en el titular. *"Las transmisiones de Tommy han cambiado mi vida", dice Brad Pitt.*

En resumen, su titular debe:

- Ser inmediatamente atractivo
- Ser útil y relevante para el lector
- Transmitir información
- Desencadenar una reacción emocional
- Incluir una oferta
- Intrigar a tu audiencia
-

Estrategias para redactar mejor

Simplificar, simplificar, simplificar

Un buen texto está escrito en un lenguaje claro y sencillo, con una estructura de frases cortas. Es conversacional y se lee como si estuvieras hablando con un amigo o un colega.

Los puntos importantes, como las ventajas, se enumeran en formato numerado o de viñetas y se sacrifica la gramática tradicional en aras de la brevedad.

Lea siempre su texto antes de finalizarlo y elimine las palabras innecesarias. Encuentra la forma más breve de comunicar la mayor cantidad de información.

Sea más persuasivo

La persuasión es una técnica importante para estructurar el texto. Aunque no existe una fórmula clara para ningún tipo de redacción, los textos persuasivos incluyen sistemáticamente los siguientes elementos:

- Se centra en el lector desde el principio
- Cada párrafo o sección apoya el argumento principal
- Es muy específico y aporta pruebas en apoyo de sus afirmaciones
- Incluye pruebas creíbles como estadísticas y opiniones de expertos
- Devuelve el foco al lector tan a menudo como sea posible

La escritura persuasiva convence al lector de que debe creer lo que usted dice y hacer lo que usted dice, y de que hay algo a su favor si lo hace. Una vez más, no hay una fórmula para ello ni reglas claras de contenido, pero sí algunas estrategias que puedes utilizar para que tu escritura sea más persuasiva.

Repite tu punto una y otra vez

La repetición es una herramienta poderosa y esencial a la hora de elaborar textos persuasivos. A menudo son necesarios varios intentos de comunicación antes de que alguien entienda realmente lo que se está diciendo. La ventaja es que cuanto más se repite y de más maneras se dice, más probabilidades hay de que el público lo crea.

Por supuesto, no se repita literalmente en su texto. Utilice diferentes técnicas para comunicar el mismo punto: por ejemplo, expóngalo directamente, cuente una historia y repítalo de nuevo en el resumen.

Explíqueles por qué

Respalde sus afirmaciones y peticiones con buenas razones y aproveche el poder de la palabra "porque". Los estudios han demostrado que, aunque la razón no tenga ningún sentido o no esté directamente relacionada con la afirmación, es más probable que la gente te crea simplemente por el hecho de que respaldes lo que dices.

Hacer comparaciones para demostrar algo

Utilice el poder de las metáforas, analogías y símiles en sus escritos. Así tendrá la oportunidad de relacionar directamente lo que quiere decir con algo con lo que el lector pueda identificarse y que entienda que es cierto.

Esto resulta eficaz para establecer comparaciones entre temas similares y temas diferentes, en función de lo que se quiera decir.

Responder a las objeciones silenciosas

Demuestra que entiendes el punto de vista y el proceso de pensamiento del lector respondiendo a preguntas que sabes que estarán considerando en sus mentes.

Aunque no podrá abordar todas las posibles objeciones en un solo artículo ni pensar en todas las posibles objeciones que pueda plantear su lector, sí que puede rebatir los argumentos más comunes en contra de lo que afirma.

Contar una historia

Contar historias es una técnica eficaz en todos los aspectos de la redacción de textos publicitarios. La gente se identifica con las experiencias de los demás y se esfuerza por aprender o compararse con los personajes de las anécdotas. La historia acaba persuadiendo por usted.

Centrarse en los beneficios

Se trata de un aspecto obvio de tu mensaje que debes destacar en cada artículo que escribas, pero no siempre es fácil hacerlo bien. Muchos redactores acaban presentando un montón de beneficios falsos en lugar de reales.

Los beneficios reales son cosas que interesan al lector. Por ejemplo, si vendiera jarabe para la tos, querría explicar cómo alivia los síntomas del resfriado o la gripe, y no que cura la enfermedad. Los síntomas son lo que molesta al lector: ese es el aspecto del producto que le importa y en el que se basará para hacer la compra.

Haga una oferta mejor

Obligue al lector a actuar con una oferta más fuerte, que no pueda rechazar. Haga una que parezca lo bastante creíble como para que actúe y recoja los frutos.

Una oferta fuerte presenta un producto o servicio con un alto valor percibido a un bajo coste. Puede tratarse de un paquete de productos ofrecidos a un precio inferior al de la suma de los productos individuales, o de un "regalo" con la compra.

Utilice palabras que funcionen

Otra idea equivocada cuando se trata de redacción publicitaria es que tiene que ser 100% única. No digo que debas plagiar descaradamente el trabajo de otros escritores, pero sí que debes prestar atención a lo que funciona.

Esto incluye cómo se estructura un anuncio, cómo se plantea un punto o la jerarquía del contenido. También incluye la elección de palabras. Se ha demostrado que determinadas palabras tienen un mayor impacto en los consumidores que otras.

Ofrezca una garantía

Una garantía es otra técnica que obligará a un cliente potencial a actuar. Una garantía sólida quita al cliente el riesgo de la decisión de compra y lo pone en manos del vendedor.

Dígale a su cliente que si su producto o servicio no ofrece el rendimiento o los resultados que ha prometido, le devolverá el dinero o le compensará de alguna manera.

Domine la reversión de riesgos: Aumente las ventas y genere confianza en el cliente

¿Cuál es la mayor objeción que debe superar a la hora de cerrar una venta? ¿Es el coste? ¿Cree en lo que dice? ¿La confianza en su producto o servicio?

Aunque es una respuesta diferente para cada empresa, todas deben afrontar algún elemento de temor o duda del cliente antes de una transacción monetaria.

La realidad es que, incluso si supera estas objeciones y cierra la venta, su cliente asume el 99% del riesgo asociado a la compra. Si el producto o servicio no funciona, se estropea o no cumple las expectativas, el cliente ha entregado su dinero a cambio de una decepción.

En marketing, el objetivo es generar el mayor número posible de clientes potenciales y convertirlos en clientes o ventas. La relación entre clientes potenciales y ventas cerradas se denomina tasa de conversión.

¿Y si pudiera eliminar el riesgo que conlleva una transacción? ¿Convertiría más clientes potenciales en clientes? La respuesta es "¡Por supuesto!".

Introducir un elemento de reversión del riesgo en su mensaje de marketing o en su oferta exclusiva es una forma poderosa de aventajar a la competencia y cerrar más ventas. Pero ¿cómo hacerlo exactamente?

Es muy fácil. Sólo tienes que darles una garantía.

El poder de las garantías

¿Qué es la reversión del riesgo?

La reversión del riesgo consiste simplemente en revertir el riesgo asociado a una transacción, transfiriéndolo del cliente al vendedor.

Todo el mundo puede pensar en un puñado de ocasiones en las que ha comprado un producto o servicio que no ha cumplido sus expectativas. Una ocasión en la que un vendedor les hizo una promesa y no la cumplió. Una ocasión en la que *perdieron dinero* por un producto defectuoso o un servicio falso.

El miedo a ser engañados o a que se aprovechen de ellos impide a muchas personas gastar su dinero. Los clientes también pueden ser muy recelosos a la hora de comprar un producto o servicio por primera vez.

Ofrecer una garantía sólida elimina la mayor parte del riesgo de compra y rompe las barreras naturales del proceso de venta. A menudo, las garantías acortan todo el proceso de venta -saltándose cualquier discusión sobre objeciones- porque el cliente no ve ningún riesgo en "probar el producto".

Los consumidores también esperan cada vez más garantías. Muchas tiendas aceptan la devolución de cualquier producto con el que el cliente no haya quedado satisfecho y le devuelven el dinero o el crédito de la tienda. Las tiendas de alimentos saludables más populares animan a los clientes a probar productos nuevos o desconocidos prometiendo un proceso de devolución sin complicaciones ni preguntas. Una garantía o una política de devolución sencilla pueden marcar la diferencia entre elegir un negocio y la competencia.

Sus clientes compran resultados, no productos ni servicios

La mayor garantía que puede ofrecer son los *resultados*, no los productos o servicios.

Si garantiza que su cliente recibirá los beneficios o resultados que busca, el producto o servicio específico que necesitará para conseguir esos resultados pasa a ser irrelevante.

La gente compra beneficios y resultados. Por ejemplo, no compran purificadores de agua; compran el beneficio de disfrutar de agua limpia y de sabor fresco. No compran sistemas de riego de césped, sino un césped verde y sano.

Una vez que entienda qué beneficio o solución específica buscan sus clientes, encuentre una forma de garantizar que recibirán o experimentarán esa solución. Si no lo hacen, les compensarás por ello.

Recuerde lo que ha garantizado

Aunque las garantías aumentarán las ventas de la mayoría de las empresas, también pueden ser la vía rápida hacia el fracaso empresarial si su producto o servicio no es de calidad. Tómese el tiempo necesario para asegurarse de que su oferta es sólida antes de implantar una garantía.

Las garantías son más eficaces cuando se vende a alguien algo que necesita o desea, no cuando se intenta convencer a alguien de que compre algo que no necesita.

Aumentar las tasas de conversión con una garantía

Las garantías pueden ayudar a su empresa a convertir más clientes potenciales cualificados en clientes habituales. Las garantías sólidas son grandes y audaces, pero también realistas. Son un poco mejores que las de la competencia, pero coherentes con los estándares del sector.

Su tasa de conversión

Su tasa de conversión es el porcentaje de clientes que convierte de clientes potenciales en clientes. Cuanto mayor sea su tasa de conversión, más ingresos generará.

Para calcular su tasa de conversión, divida el número de personas que le compran entre el número de personas que se informaron sobre su producto o servicio. Esto generará un valor porcentual de su tasa de conversión. Por ejemplo, si 100 personas preguntan por su producto y sólo 10 de ellas compran, entonces tiene una tasa de conversión del 10%. Si encuentra la forma de aumentar su tasa de conversión en un 10%, es decir, de un 10% a un 11%, o de 10 clientes compradores a 11 clientes compradores, habrá aumentado su negocio en un 10%.

Las garantías fomentan y aumentan la conversión. Motivan a los clientes potenciales a comprar -y a comprarle a usted- porque usted respalda lo que vende con creces. No hay riesgo en comprar lo que usted ofrece.

Crear su garantía

Supongamos que está convencido de que su empresa y sus clientes se beneficiarían de una garantía sólida. ¿Y ahora qué? ¿Qué va a garantizar? ¿Cómo va a posicionarla?

Una vez más, esto vuelve a su público objetivo y a su producto o servicio. ¿Cuáles son las principales objeciones que plantean sus clientes potenciales durante el proceso de venta? ¿Qué tipo de riesgo asumen cuando realizan una compra? ¿Cuánto tiempo necesitarán para probar o experimentar su producto o servicio?

Elabore una lista de los aspectos de su sector que más frustran a sus clientes. Pueden estar basadas en el servicio (contratistas que no se presentan, empleados que no actúan) o en el producto (productos que se rompen, que no funcionan). A continuación, examine su lista y decida cómo puede asegurarse de que estas cosas no ocurran. Piensa a lo grande (puedes hacer mucho más de lo que crees) y luego determina si puedes cumplir tu promesa. Si no puedes garantizar la primera frustración, pasa a la segunda.

Aquí tienes consejos para redactar tu garantía:

Sea concreto.

Explique exactamente lo que garantiza. No ofrezca vagas garantías de que un producto "funcionará" o un servicio le hará "feliz". Estas palabras significan cosas distintas para cada persona. Garantice prestaciones o resultados concretos.

Incluya un calendario claro.

Ponga un plazo realista en su garantía. Muy pocos productos o servicios son válidos para siempre. Ofrezca una prueba gratuita de 30 o 90 días; garantice resultados en un número determinado de días o semanas. Esto puede proteger a su empresa y establece expectativas claras para sus clientes.

Sé valiente.

Las garantías increíbles atraen la atención del cliente, así que vaya tan lejos como sea realista. Encuentre una forma de destacar por encima de la competencia, que también puede tener una garantía.

Diles lo que vas a hacer.

Explique qué hará y cómo les compensará si su producto o servicio no funciona. Sea concreto, hable de dinero y vaya más allá.

Aplicación de las garantías

Dígaselo a sus clientes.

Ponga su garantía en todas partes: su sitio web, folletos, cinta adhesiva para recibos, carteles en las tiendas, anuncios y otros materiales promocionales. Solo servirá para atraer clientes si estos la conocen.

Envíe un boletín a su base de clientes actual informándoles de sus nuevas garantías. Nunca se sabe a cuántos clientes puede convencer para que vuelvan y gasten más en su negocio.

Capacite a su personal

Una vez que haya decidido ofrecer una garantía a sus clientes, debe asegurarse de que su personal recibe la formación adecuada sobre las políticas y procedimientos específicos asociados a dicha garantía. Si ofrece diferentes garantías para distintos productos y servicios, asegúrese también de que esto queda claro.

Es de suponer que su personal comunicará los detalles de la garantía y responderá a las preguntas de los clientes. Tendrán que saber cómo vender el producto utilizando la garantía como ventaja y comprender todas las aplicaciones de la garantía en su empresa. Cada escenario en el que un cliente pueda necesitar utilizarla.

Para asegurarse de que su personal no hace falsas afirmaciones o promesas, cree un guión de garantía para que lo utilicen y se atengan a él. Así evitará que los clientes vuelvan con falsas esperanzas de que les devuelvan el dinero u otra compensación.

Devoluciones + Reclamaciones

A estas alturas debe estar pensando: "Genial, puedo convertir más clientes con una garantía sólida y aumentar mis ventas. Pero ¿qué pasa con el riesgo añadido que he asumido por parte de mis clientes? ¿No empezaré a ver un montón de devoluciones y reclamaciones de servicio?". Es una pregunta válida. Ofrecer una garantía sólida significa mantenerla y cumplir lo prometido. Inevitablemente, cuando uno garantiza algo, alguien va a aceptar esa garantía y presentar una reclamación. Voy a responder a esta pregunta en dos partes:

1. Respalde su producto o servicio.

Usted no está en el negocio para estafar a los clientes. Si vende un producto o servicio y cree en él lo suficiente como para ofrecérselo a sus clientes, lo más probable es que se trate de un producto de calidad o un servicio genuino.

Si esto le preocupa, considere la posibilidad de implantar fuertes controles de calidad o criterios más estrictos para su comercialización. Las empresas que ofrecen productos y servicios que dan resultados pueden ofrecer las garantías más sólidas.

Tendrás devoluciones. Tendrá clientes que vendrán a aprovecharse de usted. Sólo recuerde que, si el aumento de las ventas supera a las reclamaciones, su garantía ha tenido éxito.

2. Comprenda el comportamiento probable de su cliente.

Lo cierto es que la mayoría de los clientes nunca se acogerán a su garantía, independientemente de su nivel de satisfacción. Esto se debe a varias razones.

La primera es que la mayoría de la gente no se molesta en conducir, enviar por correo o solicitar de otro modo la devolución de un artículo de menos de 50 dólares o euros. Muchos dejan pasar el plazo y adoptan una actitud de "oh, bueno".

La segunda es que a la mayoría de la gente no le gusta la confrontación. Decirle a alguien que no te ha gustado un producto o servicio suele conllevar un elemento de confrontación, y muchas personas no tienen la confianza necesaria para hacerlo. Prefieren asumir el coste que pasar por el proceso de pedir un reembolso.

Gestión de reclamaciones y devoluciones

Si le devuelven el producto, a su empresa le conviene crear un sistema para gestionar estas interacciones con el cliente.

Crear un formulario de reclamación

Asegúrese de que todos los clientes que presenten una reclamación rellenen un formulario estándar. Esto le ayudará a prevenir el fraude, recopilar información importante sobre el cliente y su razonamiento, y crear un "filtro" por el que el cliente tendrá que pasar si quiere que le devuelvan el dinero.

- Nombre
- Fecha
- Información de contacto
- Vendedor
- Producto
- Motivo de la reclamación:
- Comentarios
- Seguimiento

Llevar un registro de reclamaciones o devoluciones

Cree un registro o sistema de archivo para sus reclamaciones. Esto le proporcionará una instantánea de su programa de garantía, un sistema de mantenimiento de registros y una gran cantidad de información sobre la experiencia y las motivaciones de cada cliente.

Utiliza la información

Tome las hojas de reclamaciones que han rellenado sus clientes y revíselas con regularidad. Aunque algunas de las reclamaciones no serán auténticas, habrá comentarios reales que podrá utilizar para mejorar su producto o servicio, o para modificar su garantía. Puede que tenga que hacerla más realista o cambiar los detalles.

Promociones que realmente funcionan: aumente sus ventas e ingresos al instante

L a promoción y los ingresos van de la mano. Independientemente del tiempo que lleve en el negocio o del tipo de empresa que tenga, mantener su producto/servicio en el primer plano de la mente del consumidor es un proceso continuo. Usted debe ser la persona de la que se acuerden cuando vayan a comprar ese producto para el pelo o necesiten arreglar su auto.

En términos sencillos, la promoción consiste en comunicar quién es su empresa y atraer a su público objetivo para que compre su producto o servicio. Muestra los mensajes de marketing que lanza al mundo y pretende alcanzar sus objetivos de marketing.

Es un término genérico que engloba cualquier actividad que se realice con el propósito de "dar a conocer su nombre" y crear ventas. Es uno de los principales componentes de un plan de marketing.

¿Cree que grandes empresas como Coca Cola y Microsoft ya no realizan campañas de promoción? Al contrario, para mantenerse en la cima de sus mercados, dedican una gran cantidad de energía a la promoción, y la mantienen con regularidad.

Si tu no estas acercándote a tus clientes, sino que esperas a que ellos vengan a ti, sólo estás creando un flujo de ingresos unidireccional. Hoy en día, la promoción es la piedra angular del éxito en los negocios e ir al encuentro de tus clientes.

¿Por qué todo el mundo necesita promocionar su empresa?

Ya hemos hablado de lo esenciales que son los planes de marketing, y las estrategias proactivas en general, para el éxito empresarial. Al hacerlo, se esboza la visión de la empresa, le obliga a preguntarse en qué consiste su producto/servicio y cómo satisfará las necesidades de su mercado objetivo. Las bases están sentadas, pero ¿cómo va a comunicárselo? Aquí es donde entra en juego la promoción.

Se puede tener el mejor producto del mundo, pero si el mundo no lo conoce, no sirve de nada.

"Dar a conocer tu nombre" es cómo vas a crear una fuerte impresión en la mente de tus clientes potenciales. Una forma de entrar en este estilo de pensamiento es ver que todo lo que haces es para dar a conocer tu nombre. Claro que hay métodos estándar de promoción que pueden ser muy útiles, pero cuando "piensas fuera de la caja", realmente puede darte una ventaja frente a la competencia.

Las formas de promoción son infinitas; todo lo que hay que hacer es adoptar esa mentalidad. Una vez que empieces a pensar como el cliente, empezarás a entender lo que ELLOS quieren y entonces brillarán las oportunidades de cómo proporcionárselo, así como de cómo hacérselo saber.

Notoriedad de marca

En un mercado lleno de variedad donde los consumidores pueden elegir, es esencial mantener una presencia y una reputación entre todas las demás marcas y productos. Es lo que se denomina notoriedad de marca, que no es más que dar a conocer su empresa y su producto/servicio *mediante la exposición repetida* de sus mensajes de marketing y su logotipo al público. La promoción es lo que le permite conseguirlo. También crea interés y curiosidad en torno a su producto/servicio.

Promoción constante y consistente

Tan importante como promocionarse en general es hacerlo de forma constante. La eficacia de hacerlo se resiente si no te comprometes a hacerlo con frecuencia estable y consistente. Esto no tiene por qué costar mucho dinero; hay muchos métodos rentables entre los que elegir.

El objetivo es "tocar base" con el público. Si adquieren cierto conocimiento de la marca y luego desapareces durante un tiempo, se olvidarán de ti. "Ojos que no ven, corazón que no siente". Cuando empiezas a promocionar tu negocio a través de canales de comunicación profesionales y coherentes y te detienes puede que tardes un tiempo en volver a coger impulso. Como todos sabemos a estas alturas, la clave del éxito en marketing es la constancia.

Estrategias de promoción

Autopromoción o ¨*Networking*¨

Networking se refiere al acto de establecer y mantener contactos y relaciones profesionales con personas en su campo o industria, con el objetivo de intercambiar información, conocimientos, recursos y oportunidades comerciales. El *networking* puede llevarse a cabo tanto en persona como en línea, a través de eventos de *networking*, redes sociales y plataformas en línea diseñadas para conectar a profesionales. Es una práctica común en los negocios para aumentar la visibilidad, la reputación y las oportunidades comerciales.

Construir relaciones no es sólo la base del éxito en situaciones sociales, sino también del éxito en situaciones de negocios. Las dos cosas van de la mano, lo que significa que cada situación es una oportunidad para hacer una venta potencial.

Algunas personas se pueden sentir incómodas en situaciones de *networking* o exponiéndose ante otras, pero es innegable nadie cree en su producto/servicio más que usted. La gente percibe ese entusiasmo genuino y eso les infunde confianza. Una promoción eficaz empieza por cómo te promocionas a ti mismo como persona.

La clave está en no convertir esa promoción en la única razón para trabajar haciendo *networking*, al menos, no dar a entender que es la única razón.

Una manera casual de crear una oportunidad para hablar de su empresa es averiguar primero sobre la otra persona. Esto crea una conexión y la gente siempre se siente halagada cuando se pregunta por ella. También le da la oportunidad de conocer sus necesidades y deseos. Busque pistas de cómo podría relacionar su producto/servicio para ayudarles en su vida.

Cuando llega el punto de hablar de lo que "haces para ganarte la vida" estarán más abiertos a recibir tu promoción entusiasta. Incluso si actualmente no necesitan su producto o servicio, es probable que lo tengan en mente para el futuro o que transmitan esa información a amigos y familiares.

Así es como se crea un *rumor* y se establece la belleza del "boca a boca".

Promoción usando marketing

Se utiliza para llegar a muchas personas simultáneamente.

Una de las principales ventajas de utilizar algunos de estos métodos es la creación orgánica de una "marca" para su empresa. Cuando los mensajes que comunica son coherentes y ofrece un producto o servicio de calidad constante, empieza a "hacerse de un nombre" por sí misma.

Por ejemplo, Nike no necesita escribir largas descripciones de lo que son sus productos porque ha dedicado mucho esfuerzo a promocionarse en el pasado. Ahora, cuando ves su pequeño logotipo "swoosh", sabes de qué empresa se está hablando.

Es difícil conseguirlo yendo de puerta en puerta hablando con sus vecinos. Utilizar algunos de los métodos de promoción estándar para mostrar su logotipo y exponer los mensajes promocionales de su empresa consigue que le conozcan a un nivel totalmente distinto.

He aquí algunos ejemplos de promociones sencillas y rentables:

Haga llegar su tarjeta de visita al mayor número de manos posible.

Visite a amigos y familiares y déjeles una pequeña pila de tarjetas de visita para que se las den a otras personas. Esto puede crear un tremendo efecto de goteo. Téngalas a mano y repártalas siempre que tenga ocasión.

Haga pintar profesionalmente el logotipo de su empresa en su vehículo.

Sea su propia valla publicitaria.

Imprime algunas camisetas con la información de tu empresa y luce una cuando hagas recados o actividades de ocio. ¿Por qué no mandar a hacer unas cuantas más para que amigos y familiares puedan actuar como equipo de promoción, sin coste alguno?

Escribe un artículo.

Céntrese en su área de especialización y envíelo a una revista especializada o a un boletín del sector. Asegúrese de incluir la información de contacto de su empresa al final.

Únete a algunas asociaciones profesionales.

Asistir a reuniones y actos es una oportunidad para establecer contactos.

Coloca folletos.

Diríjalos a los tablones de anuncios públicos o comunitarios y a los comercios relacionados. Incluso puedes repartirlos por la calle.

Tipos de promociones

Como ya hemos dicho, la promoción es cualquier forma de comunicación relativa a su producto, servicio o empresa. En esta sección se analiza la variedad de métodos de promoción estándar que puede utilizar.

Si es posible, utilizar varios de estos tipos diferentes le permite llegar a su mercado objetivo de múltiples maneras y, puesto que los mensajes que transmite son coherentes, esto crea un mayor impacto.

Publicidad

La publicidad es cualquier forma de comunicación por la que se paga. Se transmite a través de otra fuente diferente a los miembros de su empresa, pero se entiende que el mensaje procede de lo que su empresa quiere que el público sepa de ella.

Los siguientes puntos son métodos estándar de publicidad:

- En línea o digitales: Anuncios de Facebook[1], Google Ads[2], banners, anuncios nativos[3], etc.
- Difusión en medios masivos o ATL[4]: Radio, Televisión, Prensa

- Exteriores no masivos y de alcance limitado o BTL[5] Vallas publicitarias, paradas de autobús, incluso los propios autobuses.

•

Aunque la publicidad se proyecta al público y expone su mensaje a todo el mundo, debe asegurarse de que se dirige a un mercado específico. Su eficacia se pierde fácilmente si no elige un medio que sea aceptado o utilizado por el grupo al que vende. No basta con darlo a conocer; debe tener sentido.

Por ejemplo, si emite anuncios de su nueva marca de cerveza en la cadena de televisión de salud y bienestar, es probable que sus ventas no sean tan elevadas como si los emite por las tardes entre los programas de telerrealidad.

---

[1] los anuncios de Facebook son un tipo de publicidad en línea que se muestra en la plataforma de Facebook y sus aplicaciones asociadas, como Instagram. Estos anuncios pueden ser personalizados según la audiencia que se quiera alcanzar y los objetivos de la campaña publicitaria. Los anuncios de Facebook permiten a los anunciantes llegar a una audiencia más amplia, aumentar el reconocimiento de la marca y, en última instancia, generar ventas y conversiones. Además, Facebook proporciona herramientas de análisis para evaluar el rendimiento de los anuncios y ajustar las estrategias publicitarias en consecuencia

[2] Google Ads es una plataforma publicitaria en línea desarrollada por Google que permite a los anunciantes mostrar anuncios en los resultados de búsqueda de Google, en sitios web de terceros y en aplicaciones móviles. Los anunciantes pueden crear anuncios de texto, anuncios gráficos, anuncios de video y anuncios de aplicaciones móviles para llegar a su público objetivo de manera efectiva. Los anuncios se basan en palabras clave y audiencias específicas, y los anunciantes pagan por clic o por impresión en función de sus objetivos publicitarios. Google Ads es una herramienta popular utilizada por empresas de todo el mundo para aumentar su visibilidad en línea y alcanzar sus objetivos de marketing.

[3] Los anuncios nativos, o native ads en inglés, son anuncios publicitarios que se adaptan al formato y diseño del contenido de la plataforma en la que se muestran. A diferencia de los anuncios tradicionales, los native ads no se perciben como publicidad intrusiva, sino que se integran de forma natural en el entorno editorial o de redes sociales donde aparecen. Estos anuncios suelen incluir contenido útil o informativo para el usuario y se presentan de manera no disruptiva, lo que puede aumentar su efectividad.

[4] ATL (Above The Line, por encima de la línea) se refiere a las tácticas de marketing que utilizan medios masivos y no personalizados para llegar a una audiencia amplia y general, como la televisión, la radio y la prensa.

[5] BTL (Below The Line, debajo de la línea) se refiere a las tácticas de marketing que no utilizan medios masivos, como la televisión, la radio o la prensa, sino que se enfocan en llegar directamente al consumidor a través de métodos más personalizados, como el marketing directo, promociones, eventos, patrocinios, entre otros.

Materiales Publicitarios (Collaterals)

Los "marketing *collaterals*" son todos los materiales de marketing que se utilizan para apoyar la venta de un producto o servicio y suelen ser utilizados para comunicar los beneficios y características de un producto o servicio de manera clara y efectiva, y pueden ser utilizados tanto en eventos de marketing como en reuniones individuales con clientes potenciales.

Este método se confunde a menudo con la publicidad. Sin embargo, se trata de autopromoción en el sentido de que no utilizas ninguna otra fuente que te ayude a transmitir tu mensaje.

Esto puede incluir folletos, catálogos, presentaciones, carteles, gráficos, videos y cualquier otro material que se utilice para promocionar la empresa y sus productos o servicios.

En la época actual, algunos del "marketing *collaterals*" más utilizados son:

1. Contenido de redes sociales: imágenes, videos y publicaciones para Instagram, Facebook, Twitter, etc.

2. Infografías: diseños visuales que transmiten información de manera fácil y atractiva.

3. Correos electrónicos: mensajes personalizados y automatizados para comunicarse con los clientes.

4. Páginas de destino: páginas web específicas diseñadas para convertir visitantes en clientes.

5. Folletos digitales: diseños gráficos que pueden ser descargados y compartidos en formato digital.

6. Presentaciones: presentaciones de diapositivas para presentar información en un formato visualmente atractivo.

7. Videos: contenido audiovisual para explicar productos, servicios o contar la historia de una marca.

8. E-books: libros electrónicos que se pueden descargar de forma gratuita o a cambio de información de contacto.

Relaciones públicas

La publicidad o las relaciones públicas son la exposición de su empresa y/o producto/servicio que proviene desde una tercera parte - los medios de comunicación. Para mantener la legitimidad de la información presentada de esta manera, no puede pagar por esta exposición.

Se consigue, en cambio, desarrollando relaciones positivas con personas de los canales de comunicación. Cuando entienden la visión de su empresa o el potencial de su producto, pueden trabajar juntos para crear un mensaje informativo o positivo para el público.

Una buena forma de crear una imagen positiva de su empresa es patrocinar un acto que retribuya a la comunidad. En ese caso, llame a su colega Jim, del periódico local, o a Sally, de la emisora de radio más popular de su ciudad, y lo más probable es que le ayuden a promocionarlo. Es un buen flujo bidireccional porque, como parte de su trabajo, siempre están buscando historias que atraigan al público.

Ventas tradicionales

Este método de promoción consiste en que usted mismo, un miembro de su equipo de ventas o un minorista hable de sus productos o servicios en una reunión individual o en un grupo reducido.

Algunos ejemplos son:

- Demostraciones/presentaciones
- Puerta a puerta
- Telemarketing

Patrocinio

El patrocinio es una forma de darse a conocer afiliándose a otra organización. Usted ofrecería apoyo financiero al evento de esta empresa y, a cambio, ellos le mencionarían al promocionar su evento.

Puedes utilizar el patrocinio de muchas maneras. Puede utilizarlo para crear una imagen positiva apoyando un acontecimiento que sea importante para todos (por ejemplo, el Fin de Semana para Acabar con el Cáncer de Mama). También funciona bien cuando apoyas a una empresa cuyo producto/servicio está relacionado con el tuyo (por ejemplo, si diriges una empresa de calzado, podrías patrocinar una carrera local de 10 km).

Promoción de ventas

No confundir con la palabra promoción en sí, la promoción de ventas es la acción de ofrecer incentivos para atraer a la gente a probar su producto/servicio. Estos métodos suelen utilizarse para ofrecer una "degustación" de su producto o servicio. Sirven para atraer a nuevos clientes a los que quizá no habría llegado sin este cebo.

También es una forma de atraer a clientes de la competencia. Es posible que prueben su producto o servicio por su bajo precio especial y que la calidad de su producto o servicio les convenza de convertirse en clientes

La idea es hacer a los consumidores "una oferta que no puedan rechazar".

Suele utilizarse durante poco tiempo, pero si se fijan objetivos a largo plazo y la promoción de ventas se planifica/ejecuta bien teniendo en cuenta dichos objetivos, también puede dar buenos resultados a este nivel.

Utilice promociones de ventas a corto plazo si lo desea:
- Igualar a la competencia
- Mover inventario
- Crear flujo de caja

Utilice promociones de ventas a largo plazo si lo desea:
- Crear ingresos adicionales o ganar cuota de mercado
- Aumentar el tamaño de su mercado objetivo
- Crear una experiencia positiva con el producto/servicio
- Mejorar el valor del producto y el poder de la marca

¿Cuáles son las herramientas que puede utilizar para lograr resultados excelentes? Son cosas que vemos todos los días en el mercado. Por ejemplo:

Cupones: los descuentos siempre son atractivos

Ofertas de regalo por compra: para atraer la mentalidad de "recibo más de lo que pago".

Sorteos/Concursos: con cada compra tiene la oportunidad de ganar.

Muestras gratuitas: no hay riesgo, usted sabe lo que compra

Artículos promocionales: obsequios utilizados como recordatorios (con su marca o logotipo).

Reembolsos: le devolvemos dinero si envía el formulario por correo

Descuentos para grupos

Incentivos para usuarios frecuentes: por ejemplo, consiga gratis su café 7th tras comprar 6. Es una forma de fidelizar a los clientes.

Regalos (por ejemplo, gorras de béisbol o tazas con su logotipo): ahora el público hace la promoción por usted.

Tarifas anticipadas o *"Early Birds"*: son útiles si quieres que la gente se registre a algo de forma anticipada, por ejemplo: "Si te registras a este taller antes del 14 de octubre , el precio es de 150. Después de esa fecha, cuesta 180".

Garantías - Si no está satisfecho con su compra, puede devolverla y obtener el reembolso.

Empaques

Asegúrese de que el envase de su producto sea atractivo y ofrezca el mismo mensaje que el resto de sus esfuerzos promocionales. De qué sirve toda la planificación para crear una campaña promocional maravillosa si:

a) Cuando el cliente recibe el producto o va a comprarlo, no le atrae, o

b) No lo encuentran porque falla el diseño (por ejemplo, el nombre de la empresa o del producto es demasiado pequeño o se pierde entre un montón de relleno artístico).

Atención al cliente

Supongamos que no tiene un producto, sino un servicio. Incluso si se trata de una pequeña empresa, es posible que tenga unos cuantos empleados. Es importante que todos los miembros de su equipo muestren un frente unido y comuniquen la promoción de su servicio de forma coherente. Y si son sus empleados quienes lo prestan al cliente, es especialmente importante que exista un nivel de servicio estándar. Esto es lo que ayuda a construir su marca.

Correo directo

La publicidad directa consiste en enviar material promocional a personas concretas. Existen fuentes en las que puede comprar bases de datos de empresas y particulares de su sector, lo que le permitirá enviar sus comunicaciones a las personas con más probabilidades de necesitar sus productos y servicios.

Personalizar los materiales promocionales con el nombre de sus clientes aumenta los índices de respuesta (resultado específico que se pretende conseguir). Los índices de respuesta son más altos porque la gente, por naturaleza, es más curiosa cuando ve algo con su nombre, en lugar de lo que puede percibirse simplemente como un folleto general.

Ferias comerciales

Su producto o servicio puede ser adecuado para exponerse en una feria comercial a la que asista su público objetivo. Las ferias suelen ser eventos de uno o dos días de duración en los que las empresas montan exposiciones o stands para mostrar sus productos o capacidades.

Elegir una estrategia

Con todas estas opciones, ¿cómo decidir qué tipo de promociones serán las más eficaces y le proporcionarán la mayor rentabilidad?

Ten en cuenta estas dos cosas:

La investigación es crucial.

Esto significa estudiar su mercado objetivo y la competencia. Consulte una revista especializada para ver cómo comercializan productos/servicios similares.

Un poco de creatividad puede llegar muy lejos.

Piense con originalidad y dé su propio giro a las cosas. En un entorno saturado de mensajes de marketing, haga algo fuera de lo común. Esto atraerá la atención de su mercado objetivo, le hará destacar y le dará una ventaja sobre la competencia. Cuestione el estatus quo, sea original y lograra grandes resultados

Planifique sus promociones

Como todo en la vida, y especialmente en el marketing, un plan bien pensado es el punto de partida desde el que comienzan los grandes éxitos. Del mismo modo que es necesario redactar un plan general de marketing para evaluar su situación actual, adónde quiere llegar y qué aspecto tendrá cuando llegue allí, hay que hacer lo mismo para tener una visión clara de lo que quiere conseguir con sus esfuerzos promocionales: su plan de promoción.

¿Qué es un plan de promoción?

Un plan de promoción es un esquema de la forma en que va a promocionar su producto/servicio para alcanzar sus objetivos de marketing. El plan de promoción no es más que uno de los componentes de un plan de marketing global, pero a menudo se confunde con el plan de marketing porque indica adónde se destinará la mayor parte del presupuesto de marketing.

¿Qué quiere conseguir con sus esfuerzos promocionales?

Aquí es donde hablará de sus objetivos. Es muy importante recordar que los objetivos de sus esfuerzos promocionales están orientados a alcanzar los objetivos que se fijaron en su plan de marketing. Del mismo modo, los objetivos del plan de marketing deben centrarse en la consecución de los objetivos generales de su empresa.

Debes ser lo más específico posible. No intente ser todo para todos. En lo que respecta a su producto en el mercado, no intente alcanzar todos los objetivos de marketing que se proponga a la vez. Concentre sus esfuerzos en lo que pretende conseguir, ya sean resultados a corto plazo o allanar el camino para el éxito a largo plazo.

Recuerde que, para saber si sus esfuerzos han tenido éxito, debe pensar en términos mensurables desde la fase de fijación de objetivos. Comparando los dos objetivos siguientes, queda claro cuál será más efectivo.

Objetivo A

Aumento del número de clientes gracias a la aplicación de nuestra nueva "tasa de retorno a las empresas".

Objetivo B

Aumento de la base de clientes habituales en un 20%, a finales de año, gracias al programa de "tasa de devolución de negocios" recién implantado.

El Objetivo A es muy genérico y no asegura cumplimiento, el Objetivo B tiene la característica de objetivos SMART

SMART es un acrónimo que se refiere a un conjunto de criterios utilizados para establecer objetivos de manera efectiva. Cada letra representa un aspecto clave que debe tener un objetivo bien definido:

Specific (Específico): El objetivo debe ser claro y específico, sin ambigüedades ni generalizaciones.

Measurable (Medible): El objetivo debe ser cuantificable y se deben establecer métricas para medir el progreso y el éxito.

Achievable (Alcanzable): El objetivo debe ser realista y factible de alcanzar con los recursos y el tiempo disponibles.

Relevant (Relevante): El objetivo debe estar alineado con los objetivos generales de la empresa y ser relevante para su éxito.

Time-bound (Limitado en el tiempo): El objetivo debe tener una fecha límite clara para su cumplimiento, lo que ayuda a establecer un sentido de urgencia y responsabilidad.

S	**ESPECIFICO** ¿QUE QUIERO LOGRAR?	
M	**MEDIBLE** ¿CÓMO SABRÉ SI CUMPLÍ EL OBJETIVO?	
A	**ALCANZABLE** ¿CÓMO VOY A LOGRAR EL OBJETIVO?	
R	**RELEVANTE** ¿EL OBJETIVO VALE LA PENA?	
T	**LIMITADO EN TIEMPO** ¿CUANDO PODRÉ CUMPLIR CON EL OBJETIVO	

¿Qué mensaje o imagen quiere transmitir?

Usted debe asegurarse de que sus clientes reciben continuamente la misma impresión de su producto/servicio y de su empresa. Para que esto ocurra lo más a menudo posible, debe elegir cuidadosamente lo que quiere transmitir.

Asegúrese de que todas las formas de promoción que adopte remitan a estos mensajes de comunicación fundamentales. Se trata de un concepto similar al de cómo sus esfuerzos promocionales deben corresponderse con sus objetivos de marketing y sus objetivos de marketing deben corresponderse con los objetivos de su empresa.

En nuestro entorno hiperconectado, estamos continuamente rodeados de mensajes de distintas empresas. Nos llegan a niveles más profundos de lo que creemos. Por eso es tan importante mantener la coherencia en *qué* y *cómo se* comunica con su mercado objetivo. La idea es que reciban el mismo mensaje tan a menudo que ni siquiera necesiten distinguir de dónde o cómo lo han recibido; simplemente se convierte en su asociación con lo que estás promocionando.

Esto solo se consigue si no hay mensajes contradictorios. Por ejemplo, si su envase se centra en ser respetuoso con el medio ambiente, su campaña publicitaria trata de la gran relación calidad-precio de su producto y sus comunicados de prensa hablan de los beneficios para la salud, el consumidor se sentirá confundido. ¿Qué está intentando ofrecer? Todos estos mensajes diferentes entran en conflicto en sus mentes y se sienten confusos, en lugar de decidirse a comprar o probar su producto.

¿Qué herramientas vas a utilizar para transmitir tu mensaje y alcanzar tus objetivos?

La variedad de métodos que puede utilizar para promocionar sus productos y servicios sólo está limitada por su creatividad.

¿Qué debes hacer para que el plan entre en vigor?

Aquí es donde se analiza la logística. Cosas en las que pensar:

- ¿Qué tipo de empresas tendrá que investigar? (por ejemplo, medios de comunicación, imprenta, diseño)
- ¿Cuándo tiene que estar "en marcha" la campaña?
- ¿Comenzarán todos sus esfuerzos promocionales simultáneamente, o se escalonarán?
- Si tiene personal, ¿quién será responsable de cada tarea?

¿Cuánto costará probablemente poner en marcha estos esfuerzos promocionales?

Debe tener en cuenta cuánto le costará su visión promocional. Y, por supuesto, ¿cuánto tiene que gastar?

Una cosa que hay que tener en cuenta es si la necesidad de su producto/servicio cambia a lo largo del año. Por ejemplo, si vende raquetas de nieve, se trata de un negocio estacional y no necesitará destinar parte de su presupuesto a la promoción en verano.

¿Cómo sabré si he alcanzado mis objetivos? ¿Y cómo me aseguraré de seguir alcanzándolos?

Contar con un plan de mantenimiento para supervisar sus esfuerzos promocionales es un paso clave y no debe pasarse por alto. Está relacionado con la idea de asegurarse de que se está trabajando para conseguir objetivos mensurables. Si no tiene un resultado concreto en mente, ¿cómo sabrá si ha logrado su objetivo?

Formas de descubrir cuáles de sus esfuerzos promocionales son más eficaces:

Los clientes

Sus clientes son la mayor fuente que tiene. Al fin y al cabo, sus esfuerzos van dirigidos a ellos, así que averigüe cuáles de sus actividades promocionales han funcionado preguntándoles: "¿Cómo ha conocido nuestro producto/servicio?". Es la mejor medida del éxito que puede pedir... ¡y es gratis!

Minoristas

Si vende su producto a través de la tienda de otra persona, asegúrese de ponerse en contacto con ella regularmente para ver cómo van las cosas. Son testigos de cómo se comporta su producto frente a la competencia. Averigüe lo que notan en términos de percepción de su producto por parte de los clientes.

También serán una fuente de información distinta de la que procede directamente del cliente. Pueden estar al tanto de información que un cliente no le contaría a usted y es probable que conozcan todos los elogios y/o quejas. Asegúrese de preguntarles: "¿Han visto que los clientes recogen los folletos o las tarjetas de visita que dejé en su tienda?

Lleve un registro de comentarios, opiniones y consejos de estas fuentes. Si consulta la información que ha recibido simplemente solicitando estos comentarios, podrá evaluar qué método promocional le está reportando más ventas y dedicarle más esfuerzos y presupuesto de marketing en el futuro.

Etapas del plan de promoción

1. Repase los distintos tipos de métodos de promoción y determine sus puntos fuertes y débiles.

2. Determine la combinación de métodos de promoción que desea aplicar.

3. Decida cuál de los objetivos de su plan de marketing quiere alcanzar con su campaña promocional.

4. Mire de cuánto dinero dispone en el presupuesto para asignar a la promoción.

5. Decida qué porcentaje del presupuesto se destinará a cada método de promoción.

6. Determine qué mensajes (aspectos) de su empresa y de su producto/servicio desea promocionar.

7. Ejecute su campaña de promoción cuando haya completado todos los pasos de la planificación.

8. Evalúe los resultados de sus esfuerzos promocionales.

EL EQUIPO

CREA UN EQUIPO PODEROSO

Crear un equipo ganador: Contratación, formación y desarrollo para el éxito empresarial

Mi primera entrevista de trabajo formal fue a mis 20 años en una empresa de fabricación de equipo electrónico, yo estudiaba el tercer año de Ingeniería, el reclutador quien además seria mi gestor y jefe directo, también Ingeniero, me pidió hacer un cálculo muy específico técnico que desconocía por completo. A los 5 minutos de la entrevista, me dijeron que no era apto para el cargo y no me dieron oportunidad de expresar mis ambiciones, mi deseo de colaborar y ninguna otra de mis habilidades.

Sin embargo, dos semanas después, recibí una llamada de la misma empresa, pero para otro puesto en un área diferente, afortunadamente no retiré mi interés de trabajar y evidentemente no tenían buena comunicación interna. El nuevo reclutador, también mi futuro jefe, me hizo las mismas preguntas técnicas y de inmediato le anticipé que no sabía algunos temas técnicos, pero que estaba dispuesto a aprender y que tenía otras habilidades que podían ser de valor para la empresa. Trabajo en Equipo, buena comunicación, pensamiento crítico entre otros, la persona que me entrevisto me escucho atentamente y me

127

pregunto cómo esas habilidades podrían colaborar a los objetivos de la empresa. Logre el trabajo. En los siguientes ocho años tuve la oportunidad de demostrar mi valor en la compañía, hasta llegar a ser el director general y a partir de ahí mi carrera internacional comenzó.

Esta experiencia me dejó claro que los procesos de reclutamiento y capacitación adecuados son fundamentales para permitir a las personas mostrar su verdadero potencial y habilidades. Por lo tanto, quiero destacar la importancia de tener un buen proceso de reclutamiento, contratación y para dar oportunidades a los candidatos, más allá de su experiencia o conocimientos previos, y de proporcionarles la capacitación necesaria para que puedan desarrollar su carrera y convertirse en valiosos miembros del equipo.

Las personas que contrata para trabajar en su empresa pueden ser sus mayores activos o sus mayores dolores de cabeza. Pueden apoyarte y ayudarte a alcanzar la visión que tienes de tu empresa, pero también pueden impedir que alcances esa visión.

Demasiadas empresas pasan por alto el papel de la contratación y retención de empleados a la hora de planificar el éxito de su organización. La contratación de personal es un ejercicio importante que debe estar orientado a un fin y ser estratégico, al igual que el marketing.

Es fundamental comprender que, en el mercado actual, la relación entre empleado y empleador es una calle de doble sentido. Ahora, más que nunca, los empleados tienen una actitud de "¿qué gano yo?" que va más allá de las expectativas salariales y de beneficios y se extiende a los programas de incentivos y recompensas. La época de las estructuras de compensación sencillas ha pasado a la historia.

Esto puede parecer un gran dolor de cabeza, ¡pero es algo bueno! Con algunos sistemas sencillos y un diálogo abierto, podrás crear -y mantener- eficazmente el equipo de tus sueños.

El poder de tener el equipo de tus sueños

¿Cuánto tiempo personal ha dedicado como dueño o dueño de una empresa este año a los recursos humanos (contratación de personal, despidos, gestión de problemas, etc.)? Sin duda, la contratación y la retención de personal son algunos de los mayores retos a los que se enfrenta cualquier empresario hoy en día.

La verdad es que, si dedicara la mitad de tiempo a recursos humanos que, a marketing, le garantizo que sus ventas aumentarían espectacularmente.

Los clientes saben distinguir entre empleados contentos y descontentos, y eso marca la diferencia a la hora de tomar decisiones de compra. ¿Prefiere que le revise el coche un mecánico gruñón que no siente que su buen trabajo sea recompensado, o uno agradable que acaba de salir de una reunión semanal de equipo?

Un empresario de éxito confía en las personas que trabajan para él porque cree que son las mejores para el trabajo. Los empleados que saben que su jefe cree en sus habilidades y capacidades harán todo lo posible por hacer el trabajo y conseguir la venta.

Los empresarios de éxito invierten tiempo y dinero en encontrar y conservar a las personas adecuadas. Son las personas que comparten y apoyan la visión colectiva de la empresa.

No estoy hablando de una fórmula complicada ni de un brebaje mágico. Hablo de una cuidadosa reflexión y de una estrategia proactiva que hará que tu negocio brille de dentro a fuera.

Encontrar al equipo de sus sueños

Crear un equipo de ensueño empieza por encontrar y contratar a las personas adecuadas para el trabajo. Suena bastante sencillo. Se publica un anuncio, se encuentra a alguien que reúna las cualificaciones necesarias y se le contrata.

No tan rápido. La contratación de personal es un proceso complejo que puede afectar drásticamente a las operaciones de su empresa. Al igual que para encontrar y vender a los clientes adecuados, encontrar y contratar a los candidatos adecuados requiere una planificación proactiva y una evaluación cuidadosa.

Si actualmente trabaja con una agencia de contratación para formar a su equipo, ahora puede ser un buen momento para detenerse y evaluar la eficacia de su servicio. Aunque una agencia de contratación puede ahorrarle el tiempo y las molestias del proceso de contratación, también puede costarle más dinero a largo plazo.

Siempre recomiendo crear un sistema de contratación interno, no porque las agencias de contratación hagan un mal trabajo, sino porque nadie conoce tu negocio como tú.

Un sistema interno de contratación garantiza que se transmita la verdadera esencia de la cultura de su empresa, desde el anuncio hasta la entrevista. También puede comunicar las expectativas desde el principio, en lugar de depender del reclutador para transmitir esta información. Se eliminan los pensamientos y las impresiones del intermediario, lo que le permite tomar decisiones basadas en su impresión del candidato, no en la de nadie más.

Paso uno: Anunciar la oportunidad

El primer paso en la contratación de candidatos es, obviamente, dar a conocer a los candidatos potenciales la oportunidad que ofrece su empresa.

Pero antes de levantar el teléfono para publicar un anuncio clasificado, recuerde que la publicidad para empleados potenciales requiere tanta consideración y planificación como la publicidad general de su empresa.

Tienes que preguntártelo a ti mismo:

- ¿Quién es su candidato ideal?
- ¿Cuáles son sus competencias y habilidades?
- ¿Cuál es su personalidad o comportamiento?
- ¿Qué les apasiona?
- ¿Qué buscan en un trabajo?

Una vez que tenga una imagen mental de su candidato, podrá empezar a redactar un anuncio que no sólo llegue a los candidatos correctos, sino que también les inspire a actuar (y enviar una solicitud).

Al redactar este anuncio, sea lo más específico posible y céntrese en las ventajas del puesto. Recuerde que los candidatos potenciales examinan los anuncios de empleo con la mirada puesta en "Qué hay para mí". Dígales exactamente eso.

He aquí algunos ejemplos de ofertas de empleo:

Ejemplo 1

¿Es usted el Asistente de Marketing que necesitamos?

<u>Sobre ti</u>

Eres divertido(a), simpático(a) y tienes buen ojo para los detalles. ¿Siempre vas dos pasos por delante de tus compañeros y estás deseando asumir nuevos y emocionantes retos?

Serás la pieza que mantenga unido al equipo de marketing y funcionando a la perfección, serás responsable de las actualizaciones del sitio web, la redacción, la coordinación de eventos y las relaciones con los clientes. Serás puntual, responsable y ordenado.

Lo ideal es que tengas una licenciatura en marketing, buen manejo del inglés, y algo de experiencia previa en oficina, pero sobre todo que seas una persona que aprende rápido y tenga una gran actitud, eso captará nuestra atención.

¿Quiénes somos?

Somos un equipo colaborativo de jóvenes profesionales. Ofrecemos un salario competitivo, grandes beneficios e incentivos al rendimiento.

¿Crees que encajas? Envía tu currículum y carta de presentación a John Smith a jsmith@email.com antes del viernes a las 16.00.

Ejemplo 2

¿Son los ordenadores tu vida?

Sobre ti

Eres listo, extrovertido y un genio de la programación. Estás en la marcación rápida de tus amigos para emergencias informáticas, grandes y pequeñas. Tu pasión es ayudar a la gente a entender el complejo mundo digital.

Serás el líder del equipo técnico informático, dirigirás nuestro mostrador de reparación de ordenadores y a cinco técnicos junior. Tendrás don de gentes, mucha paciencia y te gustará trabajar en un equipo dinámico.

¿Quiénes somos?

Gestionamos la tienda de reparación de ordenadores líder de Anytown y somos conocidos en toda la región por nuestro servicio de atención al cliente. Trabajamos duro, nos divertimos y ofrecemos un paquete de beneficios competitivos a nuestros empleados.

Dinos por qué este trabajo es para ti. Envíe su CV y carta de presentación por correo electrónico a info@computerworld.com antes del jueves 23 de

Ambos anuncios se dirigen directamente a un público muy específico. Son amables, coloquiales y comunican los requisitos del puesto de manera informal.

Todas las ofertas de empleo deberían:

- Ser coloquial (escribir como se habla)
- Sea específico
- Describa las ventajas
- Incluya aptitudes, cualificaciones, funciones y cargo
- Estar escrito en presente
- Tener un gran titular
- Llamar al lector a la acción
- Simplicidad en la elección de palabras y en la estructura de las frases
- Ser más emocionante que la competencia

Ahora que ya tiene un buen anuncio para publicar, tiene que decidir dónde lo va a publicar. Esto depende del nivel del puesto (de junior a directivo) y del tipo específico de candidato que busques contratar.

Estos son los cinco lugares principales para anunciar su vacante de empleo:

Head-hunters o cazadores de talentos

Un *head-hunter* es un profesional de recursos humanos que se dedica a buscar y reclutar a candidatos para puestos de alta dirección o ejecutivos de una empresa. Los *head-hunters*, también conocidos como cazatalentos o reclutadores ejecutivos, trabajan para empresas de búsqueda de talentos o agencias de empleo, y su objetivo es encontrar a los candidatos más calificados y adecuados para un puesto específico. Para hacerlo, los *head-hunters* suelen utilizar una variedad de métodos, como la búsqueda en bases de datos, la publicación de ofertas de trabajo en sitios web de empleo, la participación en redes profesionales y la realización de entrevistas con los candidatos potenciales. Una vez que el *head-hunter* encuentra a un candidato que cumple con los requisitos, lo presenta a la empresa que lo contrata y ayuda a facilitar el proceso de selección y contratación.

En línea

Hay muchas opciones para buscar y reclutar personal en la actualidad, pero aquí te presento los lugares más populares y efectivos:

LinkedIn: esta plataforma es ampliamente utilizada por profesionales y reclutadores de todo el mundo. Permite publicar ofertas de trabajo, buscar candidatos por habilidades, experiencia y ubicación, y establecer contactos con potenciales candidatos.

Indeed: es uno de los sitios web de empleo más populares, con una amplia base de datos de candidatos en diferentes sectores y ubicaciones geográficas. Permite publicar ofertas de trabajo de forma gratuita y tiene herramientas para filtrar y seleccionar candidatos.

Glassdoor: es un sitio web de empleo y revisión de empresas que permite a los candidatos investigar las empresas en las que están interesados y a los reclutadores publicar ofertas de trabajo y llegar a una audiencia enfocada en la búsqueda de trabajo.

Referidos

Una forma muy recomendable de encontrar candidatos es a través de su red de contactos, incluidos socios, colegas, empleados, amigos y familiares. Estos candidatos llegan a usted ya examinados por una fuente de confianza. También puede considerar la posibilidad de ofrecer a sus empleados un incentivo para que le recomienden a sus amigos y socios cualificados.

También debería hacer una lluvia de ideas con una lista de otros nichos en los que su mercado objetivo pueda buscar trabajo. Piense en publicaciones del sector, asociaciones sectoriales, pequeñas publicaciones, etc.

Los diarios y los centros públicos de empleo todavía pueden ser efectivos para buscar y reclutar personal, pero su uso ha disminuido en comparación con las opciones en línea y digitales que he mencionado anteriormente. Aun así, es posible que las empresas encuentren buenos candidatos a través de estos medios, especialmente en áreas donde la conectividad en línea no es tan alta o en sectores específicos de la industria.

Centro Público de Empleo

Son lugares excelentes para encontrar empleados de nivel subalterno y operativo. Los candidatos se inscriben en el centro, que archiva sus currículos. Tenga cuidado con esta vía: puede producir una gran variedad de candidatos que no estén cualificados.

Periódico local

Este es un buen lugar para publicar oportunidades de empleo de nivel subalterno a medio. Buscas cualificaciones básicas de candidatos locales, quizá incluso para puestos a tiempo parcial, con un coste mínimo.

Una vez publicado el anuncio, el siguiente paso es gestionar las consultas que le lleguen.

Segundo paso: examinar a los candidatos

Este es uno de los aspectos del proceso de contratación que más tiempo consume, por lo que tendrá que elaborar un sistema para gestionar las respuestas a su oferta de empleo.

Un sistema también le permitirá asegurarse de que formula las mismas preguntas a todos los candidatos potenciales y les proporciona la misma información sobre el puesto y sobre su empresa.

1. Decida si todas las personas serán atendidas por una sola persona o por varias.

Esto dependerá de los recursos y la capacidad de su personal. Un sistema permitirá que varios empleados colaboren en el proceso.

Por ejemplo, si sus candidatos han recibido instrucciones de enviarle su currículum y carta de presentación por correo electrónico, designe una única dirección de correo electrónico y bandeja de entrada para recibir y responder. De este modo, usted u otro miembro del personal no se verá bombardeado por correos electrónicos y podrá dedicar una hora al día a gestionar las consultas. Si sus candidatos llaman por teléfono, designe un número de teléfono único o un contestador automático para este fin.

2. Decidir cómo se responderá a las consultas.

Esto puede ser tan sencillo como un correo electrónico acusando recibo del currículum, o instrucciones específicas en un contestador automático. Asegúrese de que todos reciben la misma información y de que usted recibe el mismo nivel de información de todos los candidatos (currículum, carta de presentación, cartera, referencias y otra información pertinente).

Si ha pedido a los candidatos que le llamen en lugar de enviarle sus currículos por correo electrónico, cree una lista estándar de preguntas para hacerles, así como de información para facilitarles. Puede crear un guión. Algunas preguntas podrían ser:

- ¿Qué tipo de trabajo busca?
- ¿Por qué cree que sería adecuado para este puesto?
- Hábleme un poco de usted.
- ¿Por qué le interesa nuestra empresa?

Aproveche esta oportunidad para hacerse una idea de la personalidad del candidato y confíe en su impresión inicial. Crea un formulario en el que anotar esta información y archívalo con su currículum cuando lo recibas.

3. Diseñe un proceso de revisión de currículos o solicitudes.

La forma más fácil y rápida de hacerlo es en una sola sesión, una vez transcurrido el plazo establecido, y no a medida que los reciba. Si lo desea, puede contar con la ayuda de un colega veterano que le dé una segunda opinión.

Revise los currículos y los materiales de solicitud y divídalos en tres bloques: entrevista, sin entrevista y tal vez. A partir de aquí puede empezar a llamar a los candidatos y concertar una primera entrevista.

También es una buena idea ponerse en contacto con los candidatos descartados y comunicarles amablemente que no les va a convocar a una entrevista. Si prevé que el índice de respuesta será abrumador, puede considerar la posibilidad de indicar en el anuncio que solo se llamará a los candidatos seleccionados.

Tercer paso: Primera entrevista

La primera entrevista es también una entrevista de preselección; su objetivo es formarse una primera impresión del candidato como persona y determinar si está cualificado para el puesto. Si cree que ha encontrado al candidato ideal, esta es también su oportunidad para convencerle de que elija su empresa en lugar de cualquier otra que pueda estar considerando. Las buenas personas no permanecen mucho tiempo en el mercado.

Estructura de la entrevista

También tendrá que decidir una estructura, o sistema, para el proceso de entrevistas. ¿Las primeras entrevistas las hará usted u otro directivo? ¿Las entrevistas serán individuales o participarán varios empleados? Si va a sustituir a un empleado, puede considerar la posibilidad de invitar a ese empleado a la entrevista para que aporte su visión del puesto.

Material para la entrevista

Al igual que le pide al candidato potencial que acuda preparado a la entrevista, usted también debe estarlo.

- Tenga preparado un esquema de lo que le gustaría tratar. Por ejemplo, la historia de la empresa, la descripción del puesto, las preguntas de la entrevista, la estructura retributiva, la disponibilidad y las posibilidades de ascenso.

- Traiga dos copias de una descripción del puesto. Incluya todas las tareas que el candidato será responsable de realizar o de las que será responsable de ayudar.

- Un perfil de la empresa o un documento general (otros materiales de marketing también sirven en este caso).

Actitud en la entrevista

Empiece a establecer una relación con cada candidato. El propósito de la entrevista no es sólo discutir la descripción del puesto o que el candidato responda "bien" a todas las preguntas de la entrevista. Se trata de determinar si esa persona tiene la actitud adecuada para el puesto y si encajará con la cultura de la empresa y sus empleados.

Mantenga una entrevista profesional, pero asegúrese de que el candidato se sienta cómodo. Las entrevistas ponen a prueba nuestra capacidad de rendir bajo presión, pero querrá conocer la verdadera naturaleza del candidato. Recuerde que, aunque el candidato no sea adecuado para el puesto que ha solicitado, puede serlo para una futura oportunidad en la empresa.

Preguntas de la entrevista

Las preguntas que decida hacer al candidato son muy específicas de su empresa y del puesto para el que está contratando. Tómate un tiempo para hacer una lluvia de ideas sobre lo que realmente necesitas saber de cada persona y qué preguntas puedes hacerle para obtener esa información.

Tenga en cuenta que parte del objetivo de la primera entrevista es hacerse una idea de la personalidad del candidato. Querrás hacer preguntas sobre sus respuestas y empezar a establecer una relación real con él.

Aquí tienes algunas preguntas para empezar la entrevista:

- Hábleme un poco de su trayectoria.
- ¿Cuál ha sido su primera impresión de nuestra empresa/producto/servicios?
- Hábleme de un momento en el que [inserte una situación probable que se encuentre en el puesto]. ¿Cómo se sintió? ¿Cómo manejó la situación?
- ¿Qué ventajas cree que tiene sobre los demás candidatos?
- ¿Cuáles son sus puntos fuertes? ¿Sus puntos débiles?
- Hábleme de un logro del que se sienta orgulloso.
- ¿Por qué dejó su último puesto?
- ¿Dónde se ve dentro de cinco años?
- ...y así sucesivamente.

Asegúrese de tomar buenas notas o pida a un miembro de su equipo que tome notas por usted. Anote también su impresión del candidato después de cada entrevista. Querrá poder reflexionar sobre cada entrevista antes de invitar al candidato a la siguiente fase del proceso de selección.

Una vez concluidas las primeras entrevistas, revise sus notas y comente sus primeras impresiones con otros empleados que hayan participado en el proceso. A continuación, decida a quién le gustaría volver a invitar a una segunda entrevista y comunique a los candidatos descartados que no son adecuados para ese puesto.

Cuarto paso: Segunda entrevista y comprobación de referencias

La segunda entrevista sirve para confirmar sus impresiones sobre los candidatos que considera adecuados para el puesto. También puede servir para obtener más información o para comparar más de cerca de dos candidatos sólidos.

Asegúrese de que sólo ofrece una segunda entrevista a aquellos que está considerando contratar. Si no te convence un candidato, lo más probable es que tus instintos sean correctos y que hacerle una segunda entrevista sea una pérdida de tiempo para él y para ti.

Devoluciones de llamada

Cuando llame a un candidato para invitarle a una segunda entrevista, mantenga la profesionalidad y no haga alusiones a una oferta de trabajo. Si su impresión sobre ellos cambia durante la segunda entrevista, no querrá tener que retractarse de algo que haya dicho. Hágales saber lo que piensa de ellos basándose en la primera entrevista y pregúnteles si estarían interesados en reunirse con usted una segunda vez.

Dese a sí mismo y al candidato uno o dos días entre entrevistas para reflexionar sobre la primera y prepararse para la segunda.

Entrevistador

Es posible que desee cambiar la persona o el equipo de personas que realizaron la primera entrevista. Normalmente, la segunda entrevista se realiza con miembros más veteranos del equipo en la mesa.

Preguntas de la entrevista

Aunque la segunda entrevista suele ser menos estructurada que la primera (ya se ha empezado a establecer una relación), debe preparar una lista de preguntas para el candidato.

Estas preguntas deben centrarse en las tareas específicas relacionadas con el puesto y en proporcionar más información sobre la cultura, los sistemas y los valores de la empresa. También puede aprovechar la segunda entrevista para hacer preguntas que quizá no tuvo oportunidad de formular en la primera.

Visita a la oficina y presentaciones

Una vez que haya determinado que ha encontrado al candidato para el puesto, llévelo a visitar su oficina o negocio y preséntele a los miembros de su plantilla. Es una buena manera de hacerse una idea inicial de cómo podría interactuar el candidato con los miembros de su plantilla.

Referencias de llamadas

Este es el último paso (y posiblemente el más importante) antes de ofrecer el trabajo al candidato. Debe pedir al candidato al menos tres referencias laborales y quizá una referencia de carácter.

Llame a cada contacto de referencia y explíquele quién es usted y por qué llama. A continuación, pregúnteles si tienen un momento para responder a algunas preguntas sobre el candidato. Querrás averiguar información sobre puntualidad, profesionalidad, habilidades y el motivo de su marcha. Cruza esta información con tus notas de la entrevista para garantizar la coherencia entre el candidato y su referencia.

Quinto paso: Contrate a su empleado

Siempre que sus referencias sean sólidas, ahora es el momento de hacerles una oferta de empleo.

Llame personalmente al candidato para ofrecerle el puesto. Asegúrese de felicitarle y expresarle su entusiasmo por darle la bienvenida a su equipo. También tendrás que dar seguimiento a tu conversación con una carta o correo electrónico que incluya el documento de oferta de trabajo o contrato.

En caso de que un candidato rechace la oferta de trabajo, puede que desee comprobar las referencias de su segundo candidato y hacerle una oferta.

¡Buena suerte!

Entrenar al equipo de sus sueños

Una vez que haya conseguido los empleados de sus sueños mediante un riguroso proceso de contratación, es esencial que siga invirtiendo en su decisión sometiéndolos a un exhaustivo proceso de formación.

La formación es un elemento de la contratación. La orientación y la formación de un nuevo empleado marcan la pauta de todo su empleo; esto incluye su impresión de su empresa, sus sistemas y el respeto a las normas. Esto repercute en su capacidad para retener a los buenos empleados y evitar procesos de contratación innecesarios o redundantes.

Con demasiada frecuencia, las empresas confían en que los empleados más jóvenes formen a los nuevos sin ningún tipo de directrices o "plan de trabajo". A los nuevos empleados se les lanza a lo más hondo sin expectativas claras ni una comprensión de "cómo se hacen las cosas aquí".

Estos elementos afectan a la forma en que un empleado percibe su propio nivel de esfuerzo o rendimiento exigido. Una empresa que no presta mucha atención a la planificación, las expectativas y la preparación acabará comunicando a un nuevo empleado que se espera de él la misma falta de atención.

He aquí algunas cosas que debe asegurarse de poner en práctica cuando cree su sistema de formación integral:

Aprendizaje previo / Conocimientos existentes

Reconozca el aprendizaje previo de su nuevo empleado y no sobreestime ni subestime sus conocimientos actuales.

Elección del formador

Asegúrese de que la persona o personas que van a formar a los nuevos empleados están suficientemente cualificadas y tienen experiencia. Si un administrador dirige la formación y orientación de un vendedor, considere la posibilidad de pedir a otro vendedor o a un miembro más veterano del equipo que le ayude en días o sesiones concretas.

Material de formación

Tenga a mano todo el material de formación necesario. Esto incluye manuales de empresa, guías del sector, materiales de referencia habituales, muestras de trabajo y cualquier otra cosa que pueda ayudar en las tareas de formación.

Herramientas de formación

Asegúrese también de que dispone de las herramientas necesarias para formar a su recluta. ¿La formación se impartirá en su puesto de trabajo o en otro? ¿Dispone de todo el software necesario? ¿Todos los equipos necesarios? Esto garantizará que la formación se desarrolle sin problemas y que el tiempo disponible se utilice eficazmente.

Tiempo

Dedique tiempo más que suficiente a la formación, incluido tiempo para preguntas y explicaciones. Las prisas en la formación no benefician a nadie, ni siquiera a sus beneficios.

Pruebas

Considere la posibilidad de incluir algunas "pruebas" o comprobaciones para asegurarse de que el recluta comprende cada componente de la formación. Pida al formador y al alumno que firmen cada sección.

Panorama general

El papel de cada miembro del equipo forma parte de una imagen más amplia: toda la empresa. Asegúrese de que la persona en formación comprende cómo contribuye su función al panorama general en cada nivel. Si es un miembro subalterno de un departamento, debe comprender cómo contribuye su trabajo al departamento y cómo contribuye el departamento a toda la empresa.

Comentarios

El alumno debe poder hacer preguntas y revisar la información en cualquier momento, incluso después del proceso de formación. Cree un entorno que fomente el diálogo abierto y anime a los empleados a hacer preguntas cuando no estén seguros de una tarea.

El otro error común que cometen muchas empresas es poner fin a la formación después de las primeras semanas de trabajo de un nuevo empleado.

La formación es un proceso continuo para todos y cada uno de los miembros de su equipo, y debe existir un sistema o estructura que garantice que la formación y el desarrollo del personal se produzcan con regularidad. Esto puede incluir formación cruzada, desarrollo de los empleados y orientación sobre nuevos sistemas. La formación periódica no sólo beneficia a su personal y mejora su rendimiento, sino que le permite a usted, el propietario de la empresa:

- Aplicar nuevas políticas y procedimientos
- Invierta en su personal, mejorando así la confianza y la moral
- Evaluar el rendimiento del personal a nivel individual y de equipo.
- Recompensar al personal en función de la mejora de su rendimiento
- Proporcionar un foro regular para la retroalimentación y el debate, incluidas las experiencias y los problemas positivos y negativos.

Formación individual y evaluación

Un sistema eficaz de formación continua puede incluir revisiones semanales, mensuales o trimestrales del personal. Cuando se realizan individualmente, proporcionan un foro de comunicación regular con los empleados para revisar el rendimiento e identificar áreas de mejora. Un entorno individual fomentará un diálogo más abierto y honesto que si la sesión se llevara a cabo como parte de un equipo.

Estas sesiones son valiosas fuentes de información y de conocimiento de los puntos fuertes, los puntos débiles y las motivaciones de su equipo.

Si tiene una plantilla numerosa, considere la posibilidad de emparejar al personal subalterno con el superior y establecer relaciones de tutoría. Es una forma eficaz de aumentar la sinergia de su equipo y le libera a usted de las reuniones semanales con cada miembro del personal. En su lugar, cada miembro del personal superior puede informarle de los resultados de sus sesiones de formación periódicas, y usted sólo tiene que llevar a cabo estas sesiones con su personal superior.

Formación de equipos

Los eventos de formación de equipos son excelentes para fomentar el espíritu de equipo y conocer cómo interactúa todo el equipo. Pueden adoptar la forma de "almuerzos de trabajo", en los que el personal directivo o los ponentes invitados dirigen una sesión de una hora con los miembros de la plantilla, o de ejercicios más sociales de formación de equipos con un programa menos formal.

Los ejercicios de formación de equipos arrojarán luz sobre los líderes y miembros de una organización, y reunirán a empleados que estén trabajando de forma remota. Pueden ser especialmente útiles si usted y su personal directivo no ven al equipo "en acción" a diario.

Mantener a los empleados de sus sueños

Ahora que ha invertido horas de tiempo y potencialmente cientos o miles en contratar y formar a su personal, su trabajo de recursos humanos está hecho, ¿cierto?

Supongo que ha hecho lo que se había propuesto: conseguir que las personas adecuadas trabajen para usted. Pero ¿qué ocurre cuando esas personas se aburren? ¿O se las roba otra empresa? ¿O sienten que "ya han hecho todo lo que podían hacer" en su empresa?

El último paso en el proceso global de contratación es la retención de los empleados. Esto incluye mantener contentos a sus empleados, apoyar su desarrollo e incentivarlos para que mejoren continuamente su rendimiento.

Ambiente

El entorno que crea para su personal tiene una enorme repercusión en los índices de retención de sus empleados. Esto incluye el diseño interior y la distribución de su oficina o empresa, la iluminación, las plantas y los servicios de cocina disponibles. También incluye la cultura de la empresa: ¿Cuál es el ambiente general de trabajo? ¿La mayoría de la gente es ruidosa? ¿Silenciosa?

Lo esencial es que los empleados disfruten y se sientan cómodos acudiendo a su lugar de trabajo; allí pasan la mayor parte de sus horas.

Gastar un poco más en mobiliario de oficina cómodo y servicios como café, té, bocadillos y espacios sociales contribuirá en gran medida a que sus empleados estén contentos en el trabajo.

Programas de reconocimiento, recompensas e incentivos

¿Sabía que muchos empleados valoran más el reconocimiento público positivo por un trabajo bien hecho que el salario?

El reconocimiento y las recompensas son herramientas poderosas para mantener contentos a los empleados. Los comentarios positivos de los altos cargos tienen más valor percibido que un aumento salarial del 3-5%, y su aplicación cuesta poco o nada a la empresa.

Los programas de incentivos son una forma formalizada de recompensar a los empleados por sus logros y éxitos. Se identifican objetivos e hitos claros y, cuando un individuo o un equipo alcanzan esos hitos, se les recompensa con primas o premios.

Los programas de reconocimiento, recompensas e incentivos son una parte importante de la retención de empleados, así como de la creación de equipos.

Programas de desarrollo profesional

Otra razón común por la que los empleados deciden dejar sus puestos es el desarrollo profesional. Muchos sienten que necesitan trasladarse a otra empresa para desarrollar su carrera o adquirir más responsabilidades. Puede que no les disguste necesariamente su puesto actual, pero se aburren o se estancan y creen que "ya han hecho todo lo que podían hacer" en esa empresa.

Retener a los buenos significa ofrecer oportunidades de crecimiento y promoción dentro de la empresa. Esto beneficia a la empresa porque puede contratar personal interno y ahorrar dinero y tiempo en la contratación y formación de nuevo personal. También beneficia a sus empleados y aumenta su lealtad hacia su empresa.

Los programas de desarrollo profesional son una parte importante de la retención del personal, pero también son una parte importante del crecimiento y desarrollo empresarial. Una empresa cuyo personal esté siempre ampliando sus conocimientos y mejorando sus competencias se mantendrá en la "vanguardia" de su sector y tendrá ventaja sobre la competencia.

La formación y el desarrollo continuos deben ser un objetivo primordial para cualquier empresa en crecimiento.

He aquí por qué:

- Aumenta la productividad
- Aumenta la retención del personal
- Aumenta la seguridad y la moral en el lugar de trabajo
- Aumenta el servicio al cliente
- Aumenta las ventas

Los programas de desarrollo profesional suelen centrarse en las grandes ambiciones de la empresa y sus empleados. Los objetivos a más largo plazo y las ambiciones profesionales se registran y se tienen en cuenta.

El desarrollo profesional puede integrarse fácilmente en los sistemas de formación individualizada. Mantenga un archivo para cada miembro del personal en la que se describan las responsabilidades actuales, los objetivos a corto y largo plazo y las áreas de mejora, y revísela durante las reuniones semanales o mensuales. Identifique áreas específicas de crecimiento y desarrolle planes de acción para ello.

Por ejemplo, si tu ayudante de marketing quiere convertirse en coordinador o director de marketing y necesita mejorar sus habilidades de gestión de personal, plantéate darle un curso de gestión.

Mantener este programa no tiene por qué ser una tarea que consuma mucho tiempo. Con unas sencillas herramientas y el compromiso de celebrar reuniones periódicas, puede tener un programa claro y eficaz para su personal.

- Evolución constante de la descripción de funciones para supervisar las responsabilidades y tareas.
- Evaluaciones periódicas del desempeño
- Hojas de planificación de objetivos
- Programas de formación continua en escuelas de negocios locales
- Reuniones periódicas entre el personal y los supervisores (sesiones 1 a 1, Modelos *All Hands*[6] y *Town Hall*[7])
- Premios e incentivos

---

[6] el modelo All Hands implica una reunión en la que todos los miembros de la empresa están presentes, desde los empleados de nivel de entrada hasta los ejecutivos de alto nivel. En esta reunión, se discuten temas relevantes para la empresa, se presentan actualizaciones y se fomenta la colaboración y la retroalimentación. El objetivo principal de un All Hands es crear un sentido de comunidad y mantener a todos los empleados informados y conectados con la empresa.

[7] por otro lado, el modelo Town Hall es una reunión en la que los ejecutivos de la empresa presentan actualizaciones, noticias y discuten temas importantes con los empleados en un ambiente más formal. A diferencia del All Hands, no todos los empleados están presentes en la reunión, sino que los ejecutivos seleccionan un grupo de empleados representativos para asistir y transmitir la información a sus respectivos equipos.

El Poder del Equipo: Obtenga beneficios a través de su EQUIPO

Las personas que emplea contribuyen, directa o indirectamente, a diario a la solidez y vitalidad de su empresa. Usted no puede dirigir su empresa solo, así que depende de sus capacidades y su apoyo.

En palabras más sencillas, sus empleados le ayudan a ganar dinero.

Pero sus empleados no son sólo las personas que llegan cada día a su oficina y cambian su esfuerzo por un sueldo. Su función no es solo crear capacidad y vender más o prestar más servicios.

Sus empleados forman parte de un grupo de personas potencialmente poderoso que puede aprovechar para poner su empresa en la vía rápida hacia el éxito. Sus empleados son algo más que las personas que trabajan para usted. Son miembros de su equipo, el grupo de personas que trabajan colectivamente para lograr el mismo objetivo o alcanzar la misma visión.

Digo que son más que empleados porque su valor colectivo, cohesionado, es muy superior a su valor individual.

Todos sabemos que, si más personas trabajan en la misma tarea, ésta se completará más rápidamente. En los negocios, cuando hay más personas trabajando juntas en la misma tarea, se ahorra tiempo, aumenta la capacidad intelectual y, en definitiva, se **gana más dinero**.

Cultura de la empresa

La cultura empresarial se ha convertido en una palabra de moda cuando se trata de crear una empresa de éxito, y con razón.

Su cultura corporativa es el entorno en el que dirige su empresa y el entorno en el que trabajan los miembros de su equipo. Está arraigada en la visión, la misión y las creencias de la organización, y dicta el "tipo de oficina" y el "tipo de personas" que trabajan en ella.

La cultura empresarial es algo que suele desarrollarse orgánicamente. El propietario de la empresa y los empleados directivos crean un entorno positivo o negativo basándose únicamente en quiénes son como personas y cómo se comportan como líderes. No se puede evitar crear algún tipo de cultura corporativa cuando se dirige una empresa.

Sin embargo, puede evitar crear una cultura empresarial negativa o improductiva. Tanto si acabas de empezar como si quieres mejorar tu lugar de trabajo, tienes control sobre el tipo de entorno en el que diriges tu empresa.

Como la mayoría de las cosas en los negocios, esto no sucederá de la noche a la mañana. Sin embargo, con una idea clara de adónde quieres ir y qué quieres crear, estarás en el buen camino para conseguirlo.

Visión

La visión de su empresa debe ser una frase breve, clara y audaz que todos y cada uno de sus empleados conozcan y entiendan. Es una hoja de ruta hacia su idea del éxito; si no sabe cómo es, ¿cómo sabrá cuándo lo consigue?

Si tu objetivo es crear una empresa altamente rentable, ¿qué significa altamente rentable? ¿1 millón de dólares de ventas anuales? ¿3 millones de dólares de beneficios anuales?

¿Busca convertirse en el líder del sector en la producción de piezas para auto? ¿Cómo se medirá este objetivo? ¿Cuántas piezas tendrá que producir para alcanzar este objetivo?

La declaración de visión es un breve resumen del objetivo a largo plazo de la empresa: qué aspecto tendrá la empresa, qué producirá, qué logrará; es la forma de saber si la empresa tiene "éxito".

Muchas empresas no tienen una declaración de visión o la mantienen en secreto para sus empleados. Sólo se habla de ella en las reuniones del consejo de administración o de la dirección. Para que un equipo trabaje colectivamente hacia una meta, necesita saber cuál es el objetivo general. Tienen que estar de acuerdo con la dirección de la empresa y se les tiene que comunicar con regularidad.

Siéntase orgulloso de su visión. Manténgala visible para el personal, cuélguela en la pared, inclúyala en las comunicaciones internas y conecte las actividades cotidianas con ella tan a menudo como sea posible.

Ejemplos de declaraciones de visión

He aquí algunos ejemplos reales de declaraciones de visión empresarial:

"En Microsoft, nuestra misión y nuestros valores son ayudar a las personas y a las empresas de todo el mundo a desarrollar su potencial". - Microsoft

"Construir el sitio comunitario de radioaficionados más grande y completo de Internet". - eHam.net

Crear una declaración de visión

El proceso de creación de una declaración de visión es algo en lo que puede trabajar solo o en colaboración con su equipo. Es muy recomendable revisar el borrador de la declaración con los empleados para asegurarse de que comprenden y apoyan las metas y objetivos de la empresa.

Tenga en cuenta los siguientes puntos a la hora de elaborar su declaración de visión:

- **Piense en grande**: ¿por qué creó o compró este negocio? ¿Cuál era su sueño o propósito al hacerlo?

- **Pensar a largo plazo**: las declaraciones de visión deben durar de cinco a diez o incluso 25 años.

- **Sea específico**: utilice números, fechas, sistemas de clasificación y otras formas de medir el éxito.

- **Sea conciso**: utilice frases claras, breves y sencillas, fáciles de repetir y recordar.

Misión

Su declaración de misión es una descripción general de cómo va a alcanzar su visión. Se trata de una declaración más larga y detallada que debe incluir en qué consiste su negocio, quiénes son sus clientes y en qué se diferencia de la competencia (¡mejor que ella!).

Ejemplos de declaraciones de misión

"La misión de la Universidad McGill es el avance del aprendizaje a través de la enseñanza, la erudición y el servicio a la sociedad: ofreciendo a los estudiantes sobresalientes de pregrado y postgrado la mejor educación disponible; llevando a cabo actividades académicas juzgadas como excelentes cuando se miden con los más altos estándares internacionales; y proporcionando servicio a la sociedad en aquellas formas para las que estamos bien adaptados en virtud de nuestras fortalezas académicas". - Universidad McGill, Montreal, Canadá

"Starbucks compra y tuesta cafés en grano de alta calidad y los vende junto con bebidas expreso-frescas de estilo italiano, una variedad de pasteles y dulces, y accesorios y equipos relacionados con el café, principalmente a través de sus tiendas minoristas operadas por la empresa. Además de las ventas a través de nuestras tiendas, Starbucks vende café en grano a través de un grupo de ventas especializadas y supermercados. Además, Starbucks produce y vende la bebida de café Frappuccino® embotellada y una línea de helados de primera calidad a través de sus empresas conjuntas y ofrece una línea de innovadores tés de primera calidad producidos por su filial al 100%, Tazo Tea Company. El objetivo de la empresa es establecer Starbucks como la marca más reconocida y respetada del mundo". – Starbucks

Crear su declaración de misión:

A continuación, se recomienda un proceso para completar su declaración de misión:

Primer paso: enumere los principales puntos fuertes y débiles de su empresa. ¿Qué hace bien? ¿En qué tiene que trabajar o evitar hacer?

Segundo paso: ¿Quiénes son sus principales clientes? Describa los tipos de clientes a los que presta servicio, tanto internos como externos.

Tercer paso: ¿Qué piensan sus clientes de sus puntos fuertes? ¿Qué puntos fuertes son los más importantes para ellos? Pregúnteles si es necesario.

Cuarto paso: Relacione el punto fuerte que valora cada cliente con su tipo de cliente. Escríbalo en una frase. Combine cualquier redundancia.

Quinto paso: Organiza tus frases por orden de importancia

Sexto paso: Combina tus frases en uno o dos párrafos. Desarrolla los puntos que necesites. Este es el borrador de tu declaración de objetivos.

Séptimo paso: Consulte a sus empleados y clientes y pídales su opinión. ¿Apoyan los empleados la declaración? ¿Pueden actuar en consecuencia? ¿Quieren los clientes hacer negocios con una empresa con esta declaración de principios? ¿Tiene sentido?

Octavo paso: Incorpore los comentarios recibidos y perfeccione la declaración hasta que esté satisfecho con ella. A continuación, publíquela en todas partes.

Declaraciones de cultura o valores

La declaración de valores o cultura es el siguiente paso del proceso. Describe cómo usted y su personal van a actuar (su declaración de misión) para alcanzar su objetivo (su declaración de visión).

Al igual que cada familia tiene su propio sistema de creencias y forma de hacer las cosas, desde cocinar hasta limpiar o educar a los hijos, cada empresa tiene su propio conjunto de valores a la hora de dirigir un negocio. Reflejan la personalidad única de la organización.

Ejemplo de declaración cultural

Nuestra cultura

* Liderazgo basado en valores. Nuestro Credo esboza los valores que constituyen la base de nuestra forma de actuar como empresa y como empleados individuales, de modo que sigamos anteponiendo las necesidades de las personas a las que servimos.

* Diversidad. Son nuestras diferencias individuales las que nos hacen más fuertes. Reconocemos la fuerza y el valor que surgen cuando se establecen relaciones de colaboración entre personas de distintas edades, raza, sexo, religión, nacionalidad, orientación sexual, capacidad física, estilo de pensamiento, antecedentes personales y todos los demás atributos que hacen única a cada persona.

* Innovación. La verdadera innovación sólo puede fomentarse en un entorno de apoyo que valore el riesgo calculado para lograr la máxima recompensa. En Johnson & Johnson Inc. fomentamos y recompensamos el pensamiento innovador, las soluciones innovadoras y un enfoque innovador en todo lo que hacemos.

* Pasión. El profundo deseo de enriquecer la vida de las personas ofreciéndoles productos de calidad y experiencias extraordinarias que les hagan la vida más fácil, más sana y más alegre.

* Colaboración. La convicción inquebrantable de que los grandes resultados dependen de la capacidad de crear relaciones de confianza.

* Coraje. La búsqueda intrépida de la posibilidad no probada y desconocida, la voluntad de asumir grandes riesgos en beneficio de un bien mayor.

Johnson & Johnson Canadá

Crear su declaración cultural

Implique a su equipo en la creación de la cultura o declaración de valores de su empresa. Por lo general, se trata de un documento en forma de punto que refleja las creencias de la empresa, sus empleados y sus clientes.

Puede ser útil pensar en el tipo de personas que contrata actualmente, así como en las que desearía contratar. ¿Cómo son? ¿Cuáles son sus creencias? ¿Cuáles son sus valores más importantes?

Recuerde que la declaración de cultura o valores suele ser la más larga de las tres, y eso está bien.

Sus jefes de equipo

La fuerza de un equipo reside en la fuerza de las personas que lo dirigen. Ningún grupo de personas es eficaz sin un liderazgo fuerte, al

167

igual que ninguna empresa lo es sin un propietario o un equipo directivo fuertes.

Construir un equipo fuerte significa saber quiénes son sus líderes, tanto en la descripción del puesto como en la capacidad natural.

Comprender la fuerza de sus líderes naturales y las habilidades de sus seguidores naturales le permitirá estructurar estratégicamente su equipo para lograr la máxima eficacia y eficiencia. Le dará una idea de quién es el más adecuado para ascensos directivos, gestión de proyectos y qué miembros del equipo pueden reunir y motivar a sus compañeros.

Sus líderes deben sentir una gran pasión por su producto o servicio y creer de verdad en la visión de la empresa. Deben ser capaces de asumir un alto nivel de responsabilidad y dirigir a una serie de personas para lograr un objetivo común.

Los líderes son los constructores del equipo. Presentan nuevas ideas, crean consenso y fomentan la participación de los demás.

Tipos de líderes

Recuerdo como si fuera ayer cuando mi padre me entregó un manual sobre como ser un líder y mostraba de una forma divertida diversos tipos de personajes que se consideran a sí mismos lideres, ese manual fue fundamental para mi vida y para entender los tipos de aspirantes a líderes que existen en el mundo laboral, al menos lo fue al principio de mi carrera, hoy, veinticinco años después he logrado identificar que existen cuatro tipos o estilos principales de liderazgo, no solo en su forma de ser, pero relevancia para las empresas. Esto último, es fundamental para poder definir el tipo de líderes que necesita tu empresa para mantener al equipo fuerte y unido. Lo más probable es que hayas conocido a más de uno de ellos en algún momento de tu carrera.

Tipo	Descripción	Uso ideal
Autocrático	• Enfoque Clásico o de la "vieja escuela" • El Gerente/director tiene todo el poder de decisión • No se consulta a los colaboradores • Hay una estructura de recompensas y castigos • Las ordenes son obedecidas	• Colaboradores nuevos y sin entrenamiento • Se requieren órdenes e instrucciones muy detalladas • Ningún otro modo de liderazgo ha sido efectivo • Tiempo limitado para ejecutar las tareas • Durante una reestructura de la empresa • Se requiere una producción de alto volumen
Burocrático	• Enfoque basado en los procedimientos establecidos • Todo es realizado de acuerdo con procedimientos y políticas internas • Todas las tareas fuera de las políticas internas son referidas a la dirección general	• Se realizan actividades rutinarias • Estándares y procedimientos deben ser comunicados regularmente • Se requiere alta seguridad • Manejo de dinero en efectivo • Manejo de equipo peligroso
Laissez-Faire	• "Enfoque de no intervención" • Los colaboradores tienen casi total libertad	• Colaboradores altamente calificados

	• Poca dirección y guía • Los colaboradores toman sus propias decisiones y establecen objetivos • Los colaboradores deben resolver sus propios problemas	• Los colaboradores tienen alta motivación y ambición de crecer • Se utiliza la figura de consultores para gestionar la empresa • Los colaboradores son altamente confiables
Democrático	• Enfoque participativo • Los colaboradores son parte del proceso de toma de decisiones • Los colaboradores están bien informados • El líder tiene la última palabra, pero involucra a los demás miembros de la empresa • Tiene un enfoque de colaboración • Empodera a los colaboradores y su desarrollo con guía y asistencia • Reconoce y premia los resultados	• Ambiente colaborativo • El crecimiento y desarrollo de los colaboradores es su prioridad • Involucra a los colaboradores para encontrar solución a los problemas • Construye equipos y se motiva la colaboración

Comunicación

La única forma de crear y mantener un equipo fuerte es mediante una comunicación sólida y coherente. A menudo es un aspecto de la gestión empresarial que se pasa por alto o se descuida y que se olvida fácilmente en periodos de mucho estrés o de gran carga de trabajo.

Evite que la comunicación quede relegada a un segundo plano estableciendo un calendario regular de reuniones y ciñéndose a él. Dependiendo del tamaño y el tipo de empresa, las reuniones de equipo diarias, semanales o mensuales son un pilar importante de un equipo fuerte.

Las reuniones de equipo programadas con regularidad son como las cenas de los domingos con una familia ocupada. Le ofrecen a usted, el propietario, un foro regular con su personal para poner en marcha iniciativas de formación en toda la empresa, anunciar resultados, establecer objetivos y metas, o compartir nuevas visiones u orientaciones. También ofrecen a los empleados un foro para compartir opiniones y expresar quejas.

Reuniones de equipo eficaces

A estas alturas, probablemente estarás pensando: "Claro, he oído que las reuniones de equipo de algunas empresas son eficaces, pero nosotros las probamos y no funcionaron", o "Celebré reuniones de equipo periódicas, pero al cabo de un tiempo no apareció nadie".

Hay una diferencia entre las reuniones de equipo que se celebran porque sí y las reuniones de equipo bien preparadas con un propósito.

Hay que empezar a celebrar reuniones de equipo con un propósito.

Establezca un horario al que todos puedan comprometerse

La programación es, potencialmente, el mayor reto a la hora de organizar una reunión de equipo. A menudo, todos los miembros del personal están ocupados yendo en ocho direcciones diferentes para cumplir sus funciones y funcionando con horarios radicalmente distintos.

Esta es una de las razones por las que son importantes las reuniones periódicas del equipo. Las reuniones *ad-hoc* requieren una programación *ad-hoc* y reducen la probabilidad de que todos los miembros de tu equipo puedan asistir.

Pida a su equipo que reserve una hora (o dos) a la semana (o al mes) para la reunión del equipo en un horario conveniente para todos. Establezca una clara expectativa de asistencia por parte de todos. Esto excluirá esa franja horaria de la programación de otras reuniones y evitará conflictos.

Si una semana considera que una reunión de equipo no es necesaria, siempre puede anularla.

Conozca su propósito

Cada reunión de equipo debe tener una finalidad y unos objetivos claros. ¿Se trata de educar? ¿Consensuar? ¿Reunir opiniones?

Una vez que haya establecido el propósito de una reunión concreta, envíe un orden del día a su personal confirmando la reunión y esbozando sus objetivos. Es un buen momento para preguntar si alguien tiene algún tema que quiera plantear en la reunión.

Si descubre que no tiene un propósito u objetivo claro, pregúntese si una reunión de equipo es el mejor uso del tiempo para esa semana y considere posponerla a la siguiente franja horaria programada regularmente.

Planificar cada minuto

La mayor queja de los empleados sobre las reuniones de equipo es su duración. Con demasiada frecuencia, las reuniones de equipo se descontrolan y acaban durando tres horas en lugar de una. De este modo, el equipo perderá rápidamente la concentración y el respeto por la reunión habitual. Si establece un orden del día claro y se ciñe al tema, podrá organizar una reunión eficaz y sucinta.

Su agenda detallada debe incluir:

- propósito u objetivo de la reunión
- lista de temas y ponentes asociados
- lista de decisiones que deben tomarse/acordarse
- distribución del tiempo para cada tema
- oportunidad para temas adicionales al final

Distribuya el borrador del orden del día antes de la reunión y solicite aportaciones y comentarios. Cuando todos los miembros del equipo hayan revisado el orden del día y hayan contribuido a él, aumentará su grado de implicación en el proceso.

Establecer el Facilitador

Elige a una persona para que presida la reunión y la mantenga en marcha. Por lo general, se trata del propietario de la empresa o de un miembro veterano del equipo con cierta autoridad sobre el personal subalterno y un alto nivel de respeto.

Es responsabilidad del facilitador, o presidente, crear un entorno de diálogo abierto y confianza, y mantener el ritmo de la reunión.

Crear un calendario de seguimiento

Asigne la tarea de redactar actas detalladas de las reuniones a un miembro del equipo o rote esta responsabilidad con regularidad. Es importante dejar constancia de lo que ocurre en las reuniones de equipo, igual que se haría en una reunión de trabajo relacionada con un cliente.

En las actas, establece un sistema de seguimiento de las acciones que surjan de las decisiones tomadas en la reunión. Puede ser un simple gráfico en un documento de Word o en una hoja de Google

Decisión	Acción	Responsable	Fecha de termino

.

Asegúrese de que estas responsabilidades se asignan y acuerdan en la reunión y de que se establecen plazos claros. La revisión o el seguimiento de este cuadro puede servir como tema habitual durante las reuniones de equipo.

Distribuya las actas de la reunión a todos los asistentes y pida sus aportaciones o revisiones. Puede distribuir el acta de la reunión junto con el orden del día de la siguiente reunión del equipo y recabar opiniones al mismo tiempo.

Motivaciones + Incentivos

Un gran reto en la creación de equipos es encontrar nuevas formas de fomentar y mantener un alto nivel de motivación. ¿Cómo mantener equipos de personas entusiasmadas y motivadas para alcanzar el éxito durante largos periodos de tiempo? ¿Cómo mantener a su equipo motivado para mejorar su rendimiento y aumentar sus logros?

Es importante señalar que no estamos hablando sólo de individuos, sino de equipos de personas que trabajan juntas. Es sencillo motivar a una sola persona, pero un equipo entero de personas motivadas generará resultados significativamente superiores.

La clave está en incentivar los logros individuales y colectivos. Los incentivos que ofrecen recompensas basadas en logros colectivos requieren que las personas trabajen juntas y se motiven mutuamente para tener éxito.

Antes de empezar a hablar de recompensas monetarias y basadas en incentivos, es importante examinar los factores de motivación que no están impulsados por incentivos.

Espacio para trabajar

Los empleados que sienten que sus jefes y supervisores creen y confían en sus capacidades son más felices y siempre rendirán a un nivel más alto que los que no. Están motivados para "darles la razón" y se sienten respaldados en sus esfuerzos.

La micro gestión reduce rápidamente la moral. Es esencial que usted y sus directivos expresen claramente su confianza en los miembros de su equipo. Los contrataste para hacer un trabajo, desempeñar una función, así que debes asegurarte de que tienen el espacio necesario para hacerlo.

Cuando se implantan sistemas eficaces y se establecen expectativas claras, se crea un contexto claro o un sistema de límites en el que los empleados pueden trabajar. Comprenden la jerarquía de toma de decisiones y la forma general en que "se hacen las cosas por aquí".

En este contexto, debe animar a su equipo a tomar la iniciativa y a asumir riesgos. Usted ha contratado a su equipo basándose en sus habilidades y capacidades intelectuales y, por tanto, debe poder confiar en sus elecciones y en su capacidad para tomar decisiones.

Incentivos

Los incentivos son grandes motivadores. Un incentivo es una razón para actuar de una determinada manera. Por ejemplo, si su equipo aumenta las ventas un 40% a final de mes, se les obsequiará con una cena cara.

Los incentivos deben ser específicos y tener plazos para ser eficaces. En el ejemplo anterior, las ventas tienen que aumentar un 40% a final de mes para que el equipo reciba su cena. Si las ventas sólo aumentan un 30%, o si aumentan un 40% al final del segundo mes, el equipo no obtiene su recompensa.

Los incentivos temporales aumentan la sensación de urgencia y animan al personal a esforzarse más para alcanzar el objetivo. Si el incentivo no está sujeto a un plazo, no hay motivo para trabajar más deprisa o con más ahínco, ya que el personal asumirá que alcanzará su hito "en algún momento".

La escasez es también un componente clave de la creación de equipos eficaces basados en incentivos. Si la recompensa es continua (es decir, si el personal recibe una cena cada mes que las ventas superan los 75.000 dólares), entonces "siempre hay una próxima vez". Hay menos incentivos para forzar el rendimiento para recibir la recompensa. Puede que a algunos miembros del equipo les importe un mes, pero no el siguiente.

Incentivos monetarios

Las primas y los aumentos salariales son una forma popular de incentivar el rendimiento de su equipo. Pueden incluir:

- Comisiones
- Bonificaciones por completar un proyecto difícil o alcanzar un objetivo.

- Recompensas para los empleados más productivos
- Aumentos salariales en función de los objetivos alcanzados

Usted decide cómo estructurar sus incentivos monetarios, en función de su presupuesto y sus recursos. No olvide asegurarse de que las condiciones de cada incentivo están claramente definidas y de que ambas partes (usted y su empleado) comprenden el acuerdo.

Regalos

Los regalos físicos y tangibles son una forma económica de recompensar a su equipo por sus logros y mejoras. Estas recompensas demuestran que ha pensado en lo que podrían disfrutar o apreciar a cambio de un trabajo bien hecho. También son una forma estupenda de sorprender a los empleados.

He aquí algunas ideas:

- Libros (sobre temas relacionados con la motivación o los negocios)
- Comidas (almuerzo o desayuno)
- Otros cheques regalo (gasolina, alimentos, comidas, tiendas locales)
- Entradas de cine o teatro
- Escapada de fin de semana (hotel, comidas, etc.)
- Afiliación a gimnasios

¿QUÉ SIGUE?

Entonces, ¿qué hacer a partir de aquí?

E ste libro es su guía completa para transformar su enfoque de la generación de ingresos y liberar todo el potencial de su pequeña empresa. Con estrategias esenciales y conocimientos prácticos, este libro le prepara para impulsar el crecimiento y el éxito sostenidos de su negocio.

Armado con los conocimientos adquiridos en este libro, es hora de pasar a la acción y revolucionar su generación de ingresos. Ponga en práctica las estrategias y tácticas descritas en este libro para obtener resultados cuantificables y tomar las riendas del destino de su negocio.

Acepte los retos y las oportunidades con una mentalidad intrépida. Analice sus esfuerzos actuales de generación de ingresos, cree ofertas poderosas, utilice un lenguaje persuasivo y la narración de historias en su redacción publicitaria y aplique estrategias de reversión del riesgo para generar confianza en el cliente.

Sistematice su negocio, cree experiencias excepcionales para sus clientes y aproveche diversas estrategias para generar clientes potenciales y aumentar las ventas. Establezca objetivos claros, priorice su tiempo y añada valor a sus clientes.

Ahora es el momento de poner en práctica las estrategias y revolucionar sus esfuerzos de generación de ingresos. Acepta los retos, sé persistente y esfuérzate por alcanzar la excelencia en todos los aspectos de tu negocio.

Le deseo el mayor de los éxitos en su empeño y confío en que, con la mentalidad y las estrategias adecuadas, logrará resultados notables.

El éxito en la generación de ingresos requiere un esfuerzo constante, un aprendizaje continuo y capacidad de adaptación. Ponga en práctica las estrategias compartidas en este libro para lograr un éxito sin precedentes en su negocio. No espere más, empiece hoy mismo a poner en práctica las estrategias mostradas en este libro y posicione su negocio para el éxito a largo plazo.

Como dijo el inventor y empresario Thomas Edison: "Si hiciéramos todas las cosas de las que somos capaces, literalmente nos asombraríamos". Es hora de adoptar una mentalidad intrépida y dar pasos audaces hacia la transformación de tu empresa en un centro generador de ingresos. Acepta los retos y las oportunidades que se te presenten y sé implacable en tu búsqueda del éxito empresarial.

¿Necesita ayuda para aplicar estas ideas a su empresa?

L os últimos 20 años, he trabajado con múltiples empresas y startups en crecimiento con el fin de facilitar y catalizar su crecimiento y multiplicar sus ingresos, durante este tiempo he reunido una gran cantidad de recursos y herramientas que usted puede acceder en la página:

www.profit4.online

Puedes también escanear el código al final de esta sección y tener acceso a nuestra plataforma para así poder ayudarte a alcanzar el éxito y la libertad que pensabas cuando creaste tu empresa.

En **Profit 4.0** tenemos una solución hecha a la medida para ti y justo lo que necesitas para llevar tu empresa al siguiente nivel.

- La Academia **Profit 4.0** te llevara paso a paso y a tu ritmo para aprender todas las técnicas y a usar las herramientas necesarias para duplicar tus ingresos a través de nuestra plataforma online completamente digital. Con acceso al sistema de marketing y ventas más completo para empresas pequeñas y medianas

- Con la Membresía **Profit 4.0**, tendrás, además del acceso a la Academia, un coach que te atenderá de forma ilimitada durante la duración de la misma con acceso a un portal exclusivo de seguimiento y acompañamiento personalizado

- El Coaching Grupal **Profit 4.0** te permitirá tener acceso además de un soporte más profundo y a tu portal exclusivo de acompañamiento; a un grupo de empresarios que, como tú, quieren llevar sus empresas al siguiente nivel de crecimiento y compartir conocimientos, experiencias que enriquecerán tu conocimiento y habilidades para llevar tu empresa al siguiente nivel.

- Finalmente, con el Coaching personalizado **Profit 4.0** con un acompañamiento y seguimiento exclusivo y personalizado con un Javier Campos durante un año para garantizar el crecimiento de tu empresa a través de diagnósticos profundos y un plan de trabajo detallado y especifico que te llevara a duplicar tus ingresos

www.ingramcontent.com/pod-product-compliance
Lightning Source LLC
Chambersburg PA
CBHW070629220526
45466CB00001B/129